小さなサクサクタルト

専門店が教える、
素材を生かすフィリングと生地づくりのコツ

JN028994

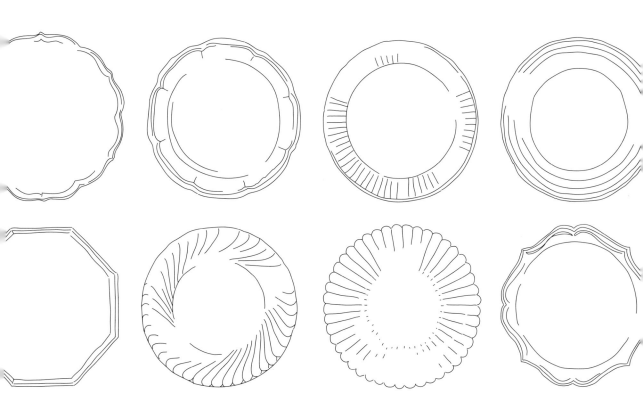

誠文堂新光社

はじめに

「記憶にのこるタルトを」そんな思いからキュームタルトは始まりました。

自分自身へのご褒美も含め、おいしいものを贈ったりもらったりする幸せは、全世界共通のもの。

だから、わたしたちのタルトを見た瞬間、口に入れた瞬間、

おもわず笑みがこぼれてしまうような、「幸せなタルト」でありたいと願っています。

キュームタルトは一つひとつ丁寧に人の手で作っています。

なぜ手作りかというと、タルトはとても繊細だからです。

生地を作って伸ばす、焼く、フィリングを作る、フルーツをのせる、ナッツを

ちらすなど、一つのタルトが出来上がるまでにたくさんの工程があります。

最高のタルトの味を作り出すには、その一つひとつに、

パティシエの指先の感覚が必要になってきます。

日本人の繊細な味覚に合わせ、甘すぎず、素材のおいしさを充分に味わえる

ように工夫しています。

見た目は華やかよりもシンプルで、かわいらしさや上品さを大事にしています。

タルトを扱う専門店として、これからもわたしたちはみなさまに豊かな時と

記憶にのこる時間をご提供したいと、日々「ものづくり」を楽しんでいきます。

本書は、キュームタルトのパティシエたちが大切に作り上げてきた

タルトのレシピを、簡単に分かりやすくお伝えしています。

お店の味をなるべく再現していただくために、

普段からパティシエたちが行っているコツもできるかぎり記しました。

基本の部分さえ覚えてしまえば、季節の果物やお好きな具材でのアレンジも

きっと楽しんでいただけるはずです。

口にほおばった瞬間、タルト生地がサクッとほろけて、

おいしいフィリングと絶妙なハーモニーを奏でる「幸せなタルト」を、

一人でも多くの方に味わってもらえたら嬉しいです。

キュームタルト

(CONTENTS)

PART 1

タルトの基本

PART 2

季節を楽しむ焼き込みタルト

PART 3

デザートにも！冷やして作るレアタルト

PART 4

一年中食べたいタルト

PART 5

テーブルの主役にも！華やかな惣菜タルト

レシピの決まり

● レシピ内の大さじは15mℓ、小さじ1は5mℓです。

● 塩の分量で、ひとつまみは親指、人さし指、中指の3本の指先でつまんだ量です。
少々は親指と人さし指の2本の指先でつまんだ量です。

● オーブンはガスオーブンを使用しています。
機種や熱源によって焼き時間に違いがでるので、様子を見ながら加減してください。

● 使う卵の量に合わせて作りやすい分量にしています。
そのため、レシピごとに作るタルトの個数が異なります。

主に使用している材料

本書のレシピで主に使用している材料をご紹介します。
ご家庭で手に入るもの、お好みのもので代用可です。

1 薄力粉／業務用を使用しています。ご家庭では製菓用と記載されたものがおすすめです。2 全粒粉／香ばしい風味と歯ごたえのある食感が特徴です。惣菜タルトの生地に、薄力粉と合わせて使用します。3 アーモンドプードル／アーモンドクリームの主な材料で、皮なしを使用します。酸化しやすいので、なるべく新鮮なものを使ってください。4 純生クリーム／動物性で乳脂肪分35％のものを使用します。5 牛乳／成分無調整で適度にコクのあるものがおすすめです。6 卵／Mサイズを使用します。7 グラニュー糖／製菓用の微粒子のものが生地になじみやすくおすすめで

す。8 コーンスターチ／トウモロコシから作られた粉で、とろみを加える効果があります。主にカスタードクリームで使用します。9 バター／食塩不使用のものを使用します。10 チョコレート／製菓用を使用しています。板状のものを使う場合は、包丁で細かく刻んでください。11 ナパージュ／仕上げにつやだしとしてぬるものです。本書では製菓用アプリコットジャム（DGFナパージュブロンド）と非加熱の透明のものを使用しています。12 デコレーション用粉糖／仕上げにかけるものです。「泣かない粉糖」と呼ばれる、溶けにくいものを使用します。

主に使用している道具

タルト作りで主に使用する道具です。
ご家庭にあるもので代用しても大丈夫です。

1 ボウル／生地を混ぜ合わせたり、クリームを泡立てたりするのに使用します。深いタイプのものが大きさ違いであると便利です。2 アルミケース／お弁当などに使うアルミ箔のケースです。2枚重ねてタルトストーンの受け皿に使用します。3 タルトストーン／大豆や小豆などの豆でも代用可能です。焼いた後はとても熱いので取り扱いには注意してください。4 爪楊枝／タルト生地を型に敷くときに、空気の膨らみをつぶしたり、余り生地を落とすのに使います。5 タルト型／上内径64（底内径59）×高さ23㎜のタルト型（SH0033）を使用しています。フッソ加工した鉄製で底がとれないタイプのものです。入手先（→p.96）。6 タルトリング／直径90㎜のもので、タルト生地の抜き型として使用しています。同じサイズの器などで

代用可能です。7 粉ふるい・こし器／粉類をふるうときに使用する網です。クリームなどをこすときはステンレス製のスープこし器を使用しています。8 泡立て器／空気を含ませながらクリームを混ぜるときなどに使用します。生クリームを泡立てるときはハンドミキサーを使っても。9 フォーク／主にピケをするときに使用します。10 刷毛／タルト生地の内側に卵やチョコレートをぬったり、仕上げにナパージュをぬったりするときに使用します。11 ゴムベラ／生地を混ぜたり、すくいとったりするときに使用します。耐熱温度の高いシリコン製が便利です。12 めん棒／タルト生地をのすのに使用します。13 絞り出し袋と口金／使い捨ての製菓用絞り袋が手間いらずで便利です。口金はレシピに応じてご用意ください。

おいしいタルトができるまで

タルト生地は
厚さわずか2mm

試作を重ねた結果、フィリングの風味を邪魔しない生地の厚さが2mmでした。「おいしいタルト」を追求するキュームタルトのこだわりの部分です。

直径63mmの
手のひらサイズ

キュームタルトでは大小さまざまなタルトを作っていますが、本書では、直径63mmの小さなタルトのレシピをご紹介します。切り分ける必要がなく、食べやすいサイズです。

BAKED TART

フィリングの水分量に合わせて、底をピケして焼いたり、ピケをせずに空焼きして卵をぬったりします。

▽

中のクリーム生地は、タルトの種類に合わせて味やフレーバーが変わります。

▽

コンポートしたフルーツやジャム、ドライフルーツ、ナッツなどを入れて焼き上げます。

▽

粗熱が取れたら、旬のフルーツやナッツなどを飾って仕上げます。

RARE TART

生地を型に詰めたら、しっかり焼いて硬めの歯ざわりのタルト生地にします。

▽

フィリングの水分に影響されないように、タルト生地の内側に、チョコレートをぬります。

▽

旬のフルーツや新鮮な乳製品をたっぷり使用した、クリーミーなムースなどを流し込みます。

▽

冷蔵庫でしっかり冷やしたら、フルーツのソースやピール、チョコなどを飾って仕上げます。

タルトの基本

キュームタルトの工房から生まれる
サクサクタルトの秘密を初公開。
基本をしっかり覚えて、
PART2からのさまざまなタルトに
挑戦してみてください。

タルト生地（パートシュクレ）を作る

サクサクタルトのベースとなる台を作ります。

| コツ | バターは室温にしばらく置き、ゴムベラで押すとすぐにつぶれるくらいのやわらかさにする。 |

| 理由 | バターが固いまま使うと他の材料となじみにくくなり、焼き上がりがむらになる。サクサクした仕上がりにならない。 |

1 材料を準備する

材料（27個分）

無塩バター	150g
グラニュー糖	90g
全卵（M）	1個
薄力粉	250g

下準備

○バターは室温に戻す（バターの温度は25℃くらいまでがよい）。
○卵は室温に戻しておく。

生地の分量について

ご紹介のタルト生地は、全卵1個使用でp7でご紹介のタルト型27個分になります。全卵を1/2個にして、すべて半量で作ることも可能です。生地の保存期間は冷蔵2日間、冷凍2週間が目安です。

2 バターを混ぜる

室温に戻したバターをゴムベラでダマがないように混ぜる。

| コツ | ゴムベラで空気が入らないように練り混ぜる。 |

グラニュー糖

3 グラニュー糖を 加える

グラニュー糖を加えてさらに混ぜる。

全卵

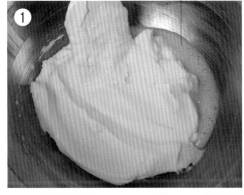

4 全卵を加える

よくときほぐした全卵を3回に分けて加え、その都度ムラなく混ぜる。

> コツ　卵を入れるごとに、ゴムベラで空気を入れないように混ぜる（泡立て器を使うと空気が入ってしまうので注意）。

> 理由　空気が入ると焼き上がったあとの生地が崩れやすくなる。

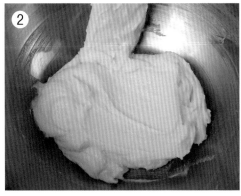

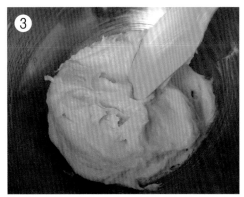

5 薄力粉を加えて 混ぜる

薄力粉を加え、粉気がなくなる程度に混ぜる。

コツ　粉気がなくなるように、ゴムベラを立てて切るようにサックリと混ぜる。

理由　混ぜすぎるとグルテンが出て、生地が硬くなる。

6 ラップに包み 休ませる

生地をひとまとめにして平らにし、ラップで包み、冷蔵庫で6時間以上休ませる。

理由　休ませることで材料同士がなじむ。また冷やすことで成形がしやすくなる。

保存期間の目安　冷蔵 ▶2日間　冷凍 ▶2週間

＊余った生地でクッキーを作ってもOK！

生地を型に詰める（フォンサージュ）

タルト型を準備し、生地をのばして詰めます。

1 タルト生地をのばす

休ませておいたタルト生地を作業台に置き、打ち粉（強力粉・分量外）をふる。めん棒で、厚さ2mmに均等にのばす。

> 理由　厚さを2mmにすることで、軽いサクサクした食感のタルト生地に焼き上がる。また厚さが均等になっていないと焼き加減にムラが出る。

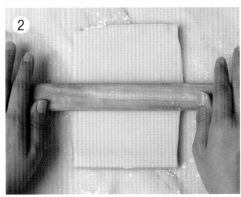

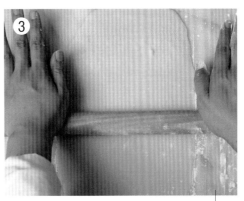

カットルーラー（左下参照）

おすすめ

カットルーラーを生地の両端に置いてのばすと、均等な2mm厚になります。

❓ タルト型にバターはぬらなくていい？

ご紹介のタルト生地はバターがしっかり含まれているので、タルト型にくっつきにくく、また、焼成後は生地が若干縮むためかんたんにはずすことができます。心配な場合は、剥離油などを薄くスプレーするとよいでしょう。

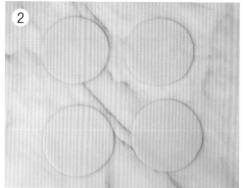

2 タルト型にのせる

1を直径90mmのセルクルで抜いてタルト型に
のせる。セルクルがない場合は、同等サイズの
器を利用したり、クリアーファイルなどを切っ
て型を作ってもよい。

> コツ
>
> 生地が冷たい
> うちに素早く
> タルト型にの
> せる。

---

3 タルト型につめる

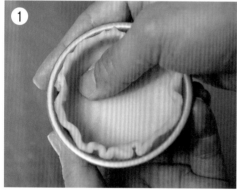

生地を底まできっちり落とし込んだら親指で底
の角に生地を軽く押さえつける。その後、側面
の生地を軽く押さえつけながら1周する。膨ら
みがあったら爪楊枝で空気を抜く。

> コツ　底に空気が入って膨らんでいたら、
> 　　　爪楊枝を刺して空気を抜く。

> 理由　空気が入っていると火が均等に通
> 　　　らずに焼きムラの原因となる。

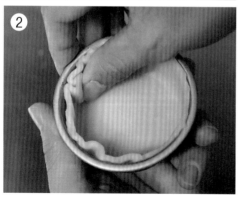

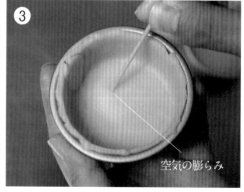

空気の膨らみ

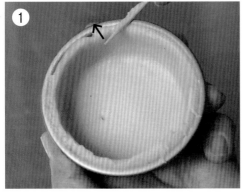 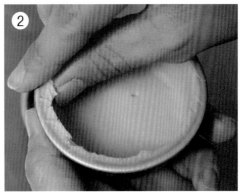

4 余分な生地を 切り落とす

型からはみ出た余分な生地を、型の内側から外側に向かって爪楊枝の先をすべらせるようにして切り落とす。切り落とした部分を型に軽く押さえつけながら1周する。

理由 爪楊枝で丁寧に生地を切り落とすことで、側面の生地の薄さを均等に保つことができる。

5 補修する

生地が薄くなってしまっているところや、3で空気を抜くためにあけた穴などは、4の余り生地で補修する。

理由 生地の厚みを均等にすることで焼きムラを防ぐ。また、穴をふさぐことでフィリングの水分が底にもれるのを防ぐ。

6 冷蔵庫で休ませる

冷蔵庫で10〜20分休ませて、生地を型になじませる。

理由 きちんと休ませることで、型崩れを防ぐ。

作るタルトによって作業が変わる！
3つのサクサクのコツ

この段階でタルト生地をサクサクにするための作業を行います。
作るタルトによって違うので、3つのパターンをしっかり覚えましょう。

1 ベイクドタルト＋水分が少なめのフィリング

冷蔵庫で休ませる前に、"底をピケする"

生地の底にフォークで穴をあける。アーモンドクリームなど水分の少なめなフィリングを流して焼き込む場合に行います。

2 ベイクドタルト＋水分が多めのフィリング

ピケをせず、"空焼きして卵をぬる"

材料（6個分）

タルト生地 …… 6個分
全卵（M） ……… 1/2個

下準備

○卵はよく溶いて、茶こしなどでこしておく。
○オーブンを175℃に予熱する。

1 アルミカップを入れる

休ませておいたタルト生地をとり出し、アルミカップを2枚重ねて入れ、タルトの内側にそわせる。
※アルミカップは繰り返し使用可。

2 タルトストーンを入れ空焼きする

1にスプーンなどでタルトストーンに入れ、天板に並べる。175℃のオーブンで17〜20分焼く。焼き加減はp20参照。

3 卵をぬる

タルトストーンとアルミカップをはずし、生地をいったん型からはずし、型に戻す（はずせない場合は、ナイフなどでくっついている部分をそっとはがす）。溶いておいた卵を刷毛で内側全体にぬる。

4 補修する

生地に穴があいていたり厚みが不均衡になっていたりしたら、余り生地で補修する。

5 再びオーブンへ

4を175℃のオーブンに1〜2分入れる。ぬった卵が乾いたらオーブンから出して常温においておく。

3 レアタルト

ピケをせず、" 空焼きしてチョコレートをぬる "

材料（6個分）

タルト生地 …… 6個分
チョコレート … 約27g

下準備

○2の2までは同様に作り、生地をいったん型からはずし、型に戻す。
○チョコレートを60℃以下の湯煎で溶かしておく。

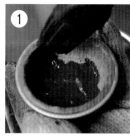

チョコレートをぬる

刷毛でタルトの内側全体にぬる。その後、常温においておく。※レシピではダークチョコレートかホワイトチョコレートか抹茶チョコレートのいずれかを使用。

2種類の基本のクリームの作り方

アーモンドクリームとカスタードクリームは、タルトの味の
決め手となる基本のクリームです。おいしい作り方をマスターしましょう。

1 アーモンドクリーム(クレームダマンド)

材料(約370g分・作りやすい分量)

無塩バター ……………………… 100g
グラニュー糖 ………………………… 80g
卵黄(M) ………………………… 1/2個分
全卵(M) ……………………………… 1個
アーモンドプードル …………… 120g

下準備

○バターは室温に戻す(バターの温度が
　25℃くらいまでがよい)。
○卵黄と全卵は室温に戻し、合わせて溶
　きほぐしておく。

1 バターをポマード状にする

泡立て器でダマがなく
なるまでバターを混ぜ
て、ポマード状にする。

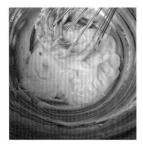

2 グラニュー糖を加え混ぜる

グラニュー糖を加え、
均一になるまですり混
ぜる。

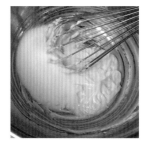

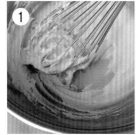
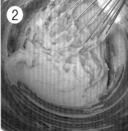
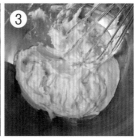

3 卵を6回に分けて加える

卵を6回に分けて加え
その都度ムラなく混ぜ
る(混ぜすぎて、空気
を入れすぎないように
注意)。

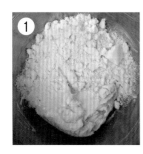
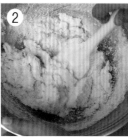
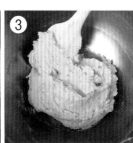

4 アーモンドプードルを加える

アーモンドプードルを
加え、ゴムベラに持ち
替えてムラなく混ぜる。

保存期間の目安　冷蔵▶2日間　冷凍▶2週間

2 カスタードクリーム(クレームパティシエール)

材料(約145g分・作りやすい分量)

牛乳		250g
卵黄(M)		3個分
グラニュー糖		62g
A	薄力粉	12g
	コーンスターチ	12g
無塩バター		25g

下準備

○卵黄は常温に戻す。
○薄力粉とコーンスターチは合わせて
　ふるっておく。

1 牛乳を沸騰させる

牛乳を鍋に入れ、中火
にかけて沸騰させる。

2 卵黄とグラニュー糖を混ぜる

卵黄とグラニュー糖をボ
ウルに入れ、白っぽくな
るまで泡立て器で混ぜる。

理由

温かい牛乳を加えた
時、卵黄に火が入り
過ぎるのを防ぐ。また、
しっかり混ぜることで
クリームがなめらかな
口当たりになる。

3 粉類を加える

2のボウルにＡを加え、
粉気がなくなるまで混
ぜる。

4 牛乳を加え混ぜる

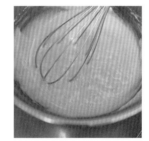

3のボウルに1の牛乳
を1/3量注ぎ泡立て器
で混ぜる。

理由

先に少量の牛乳と混
ぜることで材料同士
がなじみやすくなる。

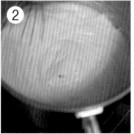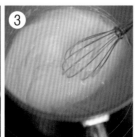

5 牛乳の鍋で 混ぜる

4を1の牛乳の鍋に入
れ中火にかける。 焦
げないように泡立て器
で混ぜながらクリーム
状にする。

6 火からおろしバターを入れる

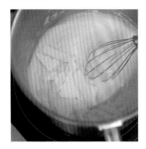

コシがきれてやわらかくなり、ぶくぶくと泡立つほど沸いたら火からおろす。バターを加え、ムラがないように混ぜる。

7 こしてから冷やす

熱いうちにこし器でこす。乾燥しないようにクリームの上にラップを密着させて、冷蔵庫で冷やす。

保存期間の目安　冷蔵 ▶ 2日間

サクサクの焼き加減は色で確認

オーブンによって焼き時間が違うため、
ちょうどよい焼き加減は目で生地の色を確認をしましょう。

焼き加減が足りない　　　　◎　　　　　焼き過ぎ

空焼き

焼き込みタルト

PART 2

季節を楽しむ
焼き込みタルト

季節ごとの実りを豊かに詰め込んだ
小さなタルトたち。
食感やフレーバーの違いを、
一つひとつ楽しんでみてください。

さくら

CHERRY BLOSSOMS

春の香りが口いっぱいに広がる桜づくしのタルト。
淡いピンク色の桜クリームを渦巻き模様にして
かわいらしく仕上げました。

材料（6個分）

タルト生地 ………… 6個分（→p10-12）
アーモンドクリーム ……… 83g（→p18）
桜ペースト ………………………… 7g
キルシュ漬けのサワーチェリー … 18粒

●桜あんクリーム
> 桜あん …………………………… 45g
> 純生クリーム（乳脂肪分35%）… 54g

クリームチーズ …………………… 42g
桜あん ……………………………… 60g
桜フレーク、ピスタチオ ……… 各適量

下準備

○天板にピスタチオを広げ、175℃に予
　熱したオーブンで5分ローストする。
　粗熱がとれたら細かく刻む。
○キルシュ漬けのサワーチェリーは、キ
　ッチンペーパーで汁気をきっておく。
○オーブンは175℃に予熱する。

作り方

1 タルト生地を型に詰めてピケをし、冷蔵
　庫で休ませる。（→p13-16）

2 アーモンドクリームと桜ペーストをゴム
　ベラで混ぜ合わせる。

3 1に2を15gずつスプーンで詰めて表面
　を平らにならす。

4 キルシュ漬けのサワーチェリーを3に3
　粒ずつのせて少し埋める。

5 天板に4を並べて175℃に予熱したオー
　ブンで10〜15分焼く。アルミホイルを
　かぶせ、さらに20〜25分焼く。

6 粗熱がとれたら型からはずし、冷蔵庫で
　冷やす。

仕上げ

1 桜あんクリームを作る。下記参照。

2 クリームチーズを耐熱ボウルに入れ、ラ
　ップをかけて電子レンジで10〜20秒温
　めてやわらかくする。

3 タルトの中心に桜あん各10gを入れてな
　らし、そのふちに丸口金＃4をつけた絞
　り袋に1の桜あんクリームを入れて1周
　絞る。

4 続けて残りの桜あんクリームを、3の中
　心からぐるぐると渦巻き状に絞る。

5 ピスタチオと桜フレークをちらす。

桜あんクリームの作り方

純生クリームを泡立て器
で6分立てに泡立てる。

桜あんの入ったボウルに
①を3回に分けて加え、
その都度よく混ぜる。3
回目はゴムベラで混ぜる。

冷蔵庫に置いておく。

苺のプチタルト

ピスタチオ風味の生地とクレームシャンティーが
苺の甘酸っぱさをまろやかに包み込みます。

STRAWBERRY

材料（6個分）

タルト生地 ············ 6個分（→p10-12）
アーモンドクリーム ···· 108g（→p18）
ピスタチオペースト ···················· 12g
●クレームシャンティー
┌ 純生クリーム（乳脂肪分35%）
│ ···················· 80g
└ グラニュー糖 ···················· 8g
デコレーション用粉糖 ················ 適量
苺（S）···················· 6粒

下準備

○オーブンを175℃に予熱する。

作り方

1 タルト生地を型に詰めてピケをし、冷蔵庫で休ませる。（→p13-16）

2 アーモンドクリームとピスタチオペーストをゴムベラで混ぜ合わせる。

3 1をとり出し2を20gずつスプーンで詰めて表面を平らにならす。

4 天板に3を並べて175℃に予熱したオーブンで10〜15分焼く。アルミホイルをかぶせ、さらに10〜15分焼く。

5 粗熱がとれたら型からはずし冷蔵庫で冷やす。

仕上げ

1 クレームシャンティーを作る。純生クリームとグラニュー糖を合わせ、泡立て器で8分立てにする。

2 スプーンでタルト台に1を1/6量（約15g）ずつのせる。

3 タルトのふちにデコレーション用粉糖をふる。

4 ヘタをとった苺を中心にのせる。

苺の生チョコレートタルト

「苺のプチタルト」のクレームシャンティーをビターな
生チョコレートに替えて。バレンタインにもおすすめです。

STRAWBERRY & CHOCOLATE

材料（6個分）

タルト生地 ……… 6個分（→p10-12）
アーモンドクリーム … 108g（→p18）
ピスタチオペースト ……………… 12g
●生チョコレート
「ダークチョコレート ……………… 45g
　純生クリーム（乳脂肪分35%）
　……………………………………… 45g
苺（S） ……………………………… 6粒

下準備

○オーブンを175℃に予熱する。

作り方

1　タルト生地を型に詰めてピケをし、冷蔵庫で休ませる。（→p13-16）

2　アーモンドクリームとピスタチオペーストをゴムベラで混ぜ合わせる。

3　1をとり出し2を20gずつスプーンで詰めて表面を平らにならす。

4　天板に3を並べて175℃に予熱したオーブンで10〜15分焼く。アルミホイルをかぶせ、さらに10〜15分焼く。

5　粗熱がとれたら型からはずし、冷蔵庫で冷やす。

仕上げ

1　生チョコレートを作る。ダークチョコレートを60℃以下の湯煎で溶かす。湯煎につけたまま純生クリームを入れ、泡立て器で均一に混ぜる。

2　タルトをとり出し1を15gずつ流す。

3　ヘタをとった苺を中心にのせて、冷蔵庫で30分ほど冷やす。

フランボワーズ

FRAMBOISE

フランボワーズの美しいタルトはだれでも好きな味。
見た目も愛らしく、おもてなしにも喜ばれます。

材料（6個分）

タルト生地 ………… 6個分（→p10-12）
アーモンドクリーム ……… 120g（→p18）

●クレームシャンティー
┌ 純生クリーム（乳脂肪分35%）
│ ………… 100g
└ グラニュー糖 ………… 10g

ラズベリージャム
（サン・ダルフォーの砂糖不使用・
下記参照） ………… 60g
フランボワーズ ………… 9個

下準備

○オーブンを175℃に予熱する。

作り方

1 タルト生地を型に詰めてピケをし、冷蔵
庫で休ませる。（→p13-16）

2 1にアーモンドクリームを20gずつスプー
ンで詰めて表面を平らにならす。

3 天板に2を並べて175℃に予熱したオー
ブンで10〜15分焼く。アルミホイルを
かぶせ、さらに10〜15分焼く。

4 粗熱がとれたら型からはずし冷蔵庫で冷
やす。

仕上げ

1 クレームシャンティーを作る。純生クリー
ムとグラニュー糖を合わせ、泡立て器
で8分立てに泡立てる。

2 タルトにラズベリージャムを10gずつス
プーンでのせて広げる。

3 丸口金#12をつけた絞り袋に、1を入れ、
タルトのふちから中心に向かって6カ所
絞る。

4 フランボワーズ3個を縦半分にカットす
る。

5 タルトの上面中心にフランボワーズ1個
半ずつのせる。

サン・ダルフォー
ラズベリージャム
砂糖、保存料、着色料不使
用。果実の甘みだけで仕上
げたジャム。

仕上げ **PROCESS**

チェリー＆ココナッツ

CHERRY & COCONUT

キルシュが香る上品なサワーチェリーに
ココナッツ風味のサワークリームをマッチング。
ふちにつけたローストココナッツも味に深みを加えます。

材料（7個分）

タルト生地 …………	7個分（→p10-12）
全卵（M）	1個
グラニュー糖 …………	23g
サワークリーム …………	90g
ココナッツファイン …………	40g
キルシュ漬けのサワーチェリーの	
キルシュ	5g
キルシュ漬けのサワーチェリー	28粒
グラニュー糖 …………	適量
製菓用アプリコットジャム …………	適量
仕上げ用のココナッツファイン ……	適量

下準備

○卵は室温に戻しておく。
○仕上げ用のココナッツファインを天板
　に広げ、175℃に予熱したオーブンで
　2〜3分ローストする（薄いきつね色
　になるまで1〜2分ずつ追加する）。
○オーブンを160℃に予熱する。

作り方

1 タルト生地を型に詰めて、冷蔵庫で休ま
せる。（→p10-15）

2 空焼き（卵・分量外）を用意する。（→p16
-17）

3 卵をボウルに入れてときほぐし、グラニ
ュー糖を加える。ここでしっかりとグラ
ニュー糖が溶けるまで混ぜる。

4 サワークリームに、3を3回に分けて加
えてその都度よく混ぜる。

5 4にココナッツファインとキルシュを加
えて混ぜる。

6 2の空焼きに5の生地を約30gずつ入れ
る。さらにサワーチェリーを4個ずつお
いて、その上にひとつまみずつグラニュ
ー糖をかける。

7 160℃に予熱したオーブンで20分焼く。

8 粗熱がとれたら型からはずし、冷蔵庫で
冷やす。

仕上げ

タルトのふちまで全体に製菓用アプリコッ
トジャムを刷毛でぬり、ふちにココナッツ
ファインをつける。

作り方 PROCESS

ブルーベリー

旬のブルーベリーをゴロゴロとのせたさわやかな初夏のタルトです。
シンプルなおいしさをご堪能ください。

BLUEBERRY

材料（6個分）

タルト生地	…………	6個分（→p10-12）
アーモンドクリーム	………	108g（→p18）
純生クリーム（乳脂肪分35%）	…	30g
カスタードクリーム	………	30g（→p19）
ブルーベリージャム （サン・ダルフォーの砂糖不使用）	…………	60g
ブルーベリー	…………………………	60個

下準備

○オーブンを175℃に予熱する。

作り方

1　タルト生地を型に詰めてピケをし、冷蔵庫で休ませる。（→p13-16）

2　1にアーモンドクリームを18gずつスプーンで詰めて表面を平らにならす。

3　天板に2を並べて175℃に予熱したオーブンで10～15分焼く。アルミホイルをかぶせ、さらに10～15分焼く。

4　粗熱がとれたら型からはずし冷蔵庫で冷やす。

仕上げ

1　純生クリームを泡立て器で8分立てに泡立てる。

2　カスタードクリームを泡立て器でほぐし、ゴムベラで1と合わせる。

3　タルトにブルーベリージャムを10gずつ刷毛でぬり、2のクリームの1/6量（10g）ずつをスプーンでのせる。

4　ブルーベリーを10個ずつのせる。

マンゴーココナッツ

マンゴーと相性のいいココナッツをたっぷり使用。
エキゾチックな味わいです。

MANGO COCONUT

材料（6個分）

タルト生地 ………… 6個分（→p10-12）
アーモンドクリーム ⋯⋯ 108g（→p18）
ココナッツファイン ………………… 12g
カスタードクリーム ⋯⋯ 60g（→p19）
マンゴー ⋯⋯⋯⋯⋯⋯⋯⋯⋯⋯⋯⋯⋯⋯ 1個
ナパージュ（非加熱）
　※アプリコットジャムでも代用可
ココナッツファイン ………………… 各適量

下準備

○マンゴーは2cm角にカットしておく。
○オーブンを175℃に予熱する。

作り方

1 タルト生地を型に詰めてピケをし、冷蔵庫で休ませる。（→p13-16）

2 アーモンドクリームとココナッツファインをゴムベラで混ぜ合わせる。

3 1に2を20gずつスプーンで詰めて表面を平らにならす。

4 天板に3を並べて175℃に予熱したオーブンで10〜15分焼く。アルミホイルをかぶせ、さらに10〜15分焼く。

5 粗熱がとれたら型からはずし冷蔵庫で冷やす。

仕上げ

1 タルトにカスタードクリームを8gずつ絞る。

2 1にカットしたマンゴーを3〜4個ずつのせる。中心に残りのカスタードクリームを2gずつ絞り、その上にさらにマンゴーを1個のせる。

3 マンゴー全体にナパージュを刷毛でぬる。

4 一番上のマンゴーに、ココナッツファインをかける。

ORANGE CHOCOLATE NUTS

オレンジチョコナッツ

たっぷりナッツが奏でるカリカリとした食感に、
ラムオレンジの香りがふわりと広がります。
ココア入りのタルト生地との相性もぴったりです。

※ラムオレンジは2日前に準備

材料（6個分）

タルト生地		6個分（→p10-12）
●ガナッシュ		
┌ ミルクチョコレート		11g
└ 純生クリーム		11g
A	アーモンドクリーム	50g（→p18）
	カスタードクリーム	36g（→p19）
ココアパウダー		7g
●ラムオレンジ		
┌ 皮つきシロップ漬けオレンジスライス		66g
└ ラム酒		適量
B	ピスタチオ	6g
	アーモンド	24g
	ピーカンナッツ	12g
デコレーション用粉糖		適量

下準備

○ラムオレンジは2日前に準備する。下
　記参照。
○Bを天板に広げ、175℃に予熱したオー
　ブンで5分ローストする。粗熱がと
　れたら粗く刻む。
○オーブンを175℃に予熱する。

作り方

1 タルト生地を型に詰めてピケをし、冷蔵
　庫で休ませる。（→p13-16）

2 ガナッシュを作る。ミルクチョコレート
　を60℃以下の湯煎にかけて溶かし、純
　生クリームを加え、均一に混ざったら湯
　煎からはずす。常温においておく。

3 フィリングを作る。Aをゴムベラで混
　ぜ合わせ、ココアパウダーを加え均一に
　混ぜる。

4 3に粗熱のとれた2を加え、ゴムベラで
　混ぜる。ラムオレンジも加えて混ぜる。

5 1をとり出し、4を約30gずつスプーン
　で詰めて、表面を平らにならす。

6 5にBを1/6量ずつのせる。

7 天板に6を並べて175℃に予熱したオー
　ブンで10〜15分焼く。アルミホイルを
　かぶせ、さらに20〜25分焼く。

8 粗熱がとれたら型からはずし、冷蔵庫で
　冷やす。

仕上げ

タルトの中心に、デコレーション用粉糖を
ふる。

ラムオレンジの作り方

皮つきシロップ漬けオレ
ンジスライスを、7mm角
に切り瓶に入れる。オレ
ンジが浸るくらいのラム
酒を入れ、2日間冷蔵庫
でつけておく。

作り方 **PROCESS**

オレンジ&ピスタチオ

コクのあるピスタチオペースト入りのクリーム生地に、
オレンジコンフィのさわやかな風味が調和しています。

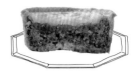

ORANGE & PISTACHIO NUTS

材料（6個分）

タルト生地 ………… 6個分（→p10-12）
A ┃ アーモンドクリーム
　 ┃ 　　　　　　　 168g（→p18）
　 ┃ ピスタチオペースト ………… 18g
皮つきシロップ漬けオレンジスライス
　　　　　　　　　　　　　　 6枚
製菓用アプリコットジャム ……… 適量

下準備

○オレンジスライスはキッチンペーパーで汁気をきっておく。
○オーブンを175℃に予熱する。

作り方

1 タルト生地を型に詰めてピケをし、冷蔵庫で休ませる。（→p13-16）

2 Aをゴムベラで混ぜ合わせる。

3 1に2を31gずつスプーンで詰めて表面を平らにならす。

4 オレンジスライスを3にのせる。

5 天板に4を並べ、175℃に予熱したオーブンで10～15分焼く。アルミホイルをかぶせ、さらに20～25分焼く。

6 粗熱がとれたら型からはずし、冷蔵庫で冷やす。

仕上げ

タルト生地以外の上面に製菓用アプリコットジャムを刷毛でぬる。

アメリカンチェリー

クリームの上にアメリカンチェリーをこんもりのせて。
さくらんぼに替えてもおいしくできます。

AMERICAN CHERRY

材料（6個分）

タルト生地 ………… 6個分（→p10-12）
アーモンドクリーム ….. 120g（→p18）
カスタードクリーム ….. 78g（→p19）
アメリカンチェリー ……………………… 24個

下準備

○アメリカンチェリーは種を抜き、
　18個は縦半分にカットする。
○オーブンを175℃に予熱する。

作り方

1　タルト生地を型に詰めてピケをし、冷蔵庫で休ませる。（→p13-16）

2　1にアーモンドクリームを20gずつスプーンで詰めて表面を平らにならす。

3　天板に2を並べて175℃に予熱したオーブンで10〜15分焼く。アルミホイルをかぶせ、さらに10〜15分焼く。

4　粗熱がとれたら型からはずし冷蔵庫で冷やす。

仕上げ

1　タルトにカスタードクリームを10gずつ絞る。

2　半分に切ったアメリカンチェリー3個を1に並べて、中心に残りのカスタードクリームを3gずつ絞る。その上にカットしていない残りのアメリカンチェリーを1個のせる。

AMERICAN CHERRY

アメリカンチェリーの
焼きタルト

焼いたチェリーのほどよい酸味を
チョコレート生地がやさしく包みます。
キルシュ風味も加わった上品な味わいです。

材料（6個分）

タルト生地 ………… 6個分（→p10-12）
アーモンドクリーム ……… 75g（→p18）
カスタードクリーム ……… 50g（→p19）
ダークチョコレート ……………… 30g
ブラックチェリージャム
　（サン・ダルフォーの砂糖不使用）
　　　　　　　　　　　　　　　 24g
アメリカンチェリー ……………… 27個
製菓用アプリコットジャム
　　　　　　　　　　　　　　　 30g
グリオットキルシュ漬けのキルシュ
　（普通のキルシュでも可）……… 9g
ピスタチオ ………………………… 適量

下準備

○アメリカンチェリーの種をとり、6個
　以外は半分に切る。
○ピスタチオを天板に広げ、175℃に予
　熱したオーブンで5分ローストする。
　粗熱がとれたら細かく刻む。
○オーブンを175℃に予熱する。

作り方

1 タルト生地を型に詰めてピケをし、冷蔵
庫で休ませる。（→p13-16）

2 ダークチョコレートを60℃以下の湯煎
にかけて溶かす。

3 アーモンドクリーム、カスタードクリー
ム、**2**をゴムベラで混ぜ合わせる。

4 **1**に**3**を約26gずつスプーンで詰めて表
面を平らにならす。ブラックチェリージ
ャムを4gずつのせてひろげる。

5 **4**に半分にカットしたアメリカンチェリ
ー7切れを1周並べて、中心にカットし
ていない1個をおく。

6 天板に**5**を並べて175℃に予熱したオー
ブンで13〜15分焼く。アルミホイルを
かぶせ、さらに23〜25分焼く。

7 粗熱がとれたら型からはずし、冷蔵庫で
冷やす。

仕上げ

1 製菓用アプリコットジャムと、グリオッ
トキルシュ漬けのキルシュを合わせて混
ぜる。

2 タルト生地以外の上面に**1**を刷毛でぬる。

3 ピスタチオをちらす。

作り方 P R O C E S S

ルビーグレープフルーツと
ピスタチオ

RUBY GRAPEFRUIT & PISTACHIO NUTS

生のグレープフルーツをのせて焼き上げると、
甘さが凝縮されておいしさがアップ。
サワークリームをたっぷりのせていただきます。

材料（6個分）

タルト生地	6個分（→p10-12）
アーモンドクリーム	168g（→p18）
ピスタチオペースト	18g
ルビーグレープフルーツ	1個
製菓用アプリコットジャム	適量
サワークリーム	78g
ピスタチオ	3粒

下準備

○ルビーグレープフルーツの皮をナイフ
でむく。下記参照。
○ピスタチオを天板に広げ、175℃に予
熱したオーブンで5分ローストする。
粗熱がとれたら刻む。
○オーブンを175℃に予熱する。

作り方

1 タルト生地を型に詰めてピケをし、冷蔵
庫で休ませる。（→p13-16）

2 アーモンドクリームとピスタチオペース
トをゴムベラで混ぜ合わせる。

3 1に2を31gずつスプーンで詰めて表面
を平らにならす。

4 3にルビーグレープフルーツを3切れず
つのせる。

5 天板に4を並べて175℃に予熱したオー
ブンで10～15分焼く。アルミホイルを
かぶせ、さらに20～25分焼く。

6 粗熱がとれたら型からはずし冷蔵庫で冷
やす。

仕上げ

1 タルトのグレープフルーツ部分に、製菓
用アプリコットジャムを刷毛でぬる。

2 サワークリームをティースプーンでクネ
ルの形にまとめてのせ、ピスタチオをち
らす。

グレープフルーツの皮のむき方

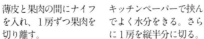

薄皮と果肉の間にナイフ
を入れ、1房ずつ果肉を
切り離す。

キッチンペーパーで挟ん
でよく水分をきる。さら
に1房を縦半分に切る。

仕上げ PROCESS

アプリコット

ミルリトン(Mirliton)というフランスの伝統菓子です。
素朴なクリーム生地に甘酸っぱいアプリコットを
入れて焼き上げました。

APRICOT

材料（5個分）

タルト生地	5個分（→p10-12）
無塩バター	50g
アーモンドプードル	50g
粉糖	50g
全卵（M）	1個
シロップ漬けアプリコット半割れ（GRアプリコットハーフ缶）	5個
デコレーション用粉糖	適量

下準備

○バター、卵は室温に戻しておく。

○シロップ漬けアプリコットはキッチンペーパーにとって汁気をきっておく。

○オーブンを160℃に予熱する。

作り方

1 タルト生地を型に詰めてピケをし、冷蔵庫で休ませる。（→p13-16）

2 室温に戻したバター（バターの温度は25℃くらいまでが目安）を泡立て器でダマがないように混ぜる。

3 アーモンドプードルと粉糖を一緒にふるい、そこによく溶いた全卵を加えて泡立て器で均一に混ぜる。

4 2に3を2回に分けて加え、ゴムベラでその都度混ぜる。

5 1に4の生地をスプーンで20gずつ入れて、まわりの生地をふちの上まで上げて中央をくぼませる。

6 シロップ漬けアプリコットの断面を上にして、5の中心におく。4の生地20gずつでふたをして平らにならす。

7 天板に6を並べて160℃に予熱したオーブンで40分焼く。

8 粗熱がとれたら型からはずし冷蔵庫で冷やす。

仕上げ

タルト全体にデコレーション用粉糖をふる。

すもも

独特の酸味のすももにクリームチーズを
合わせることで、奥行きある味わいに。
後味もさわやかなタルトです。

PLUM

材料（6個分）

タルト生地	6個分（→p10-12）
アーモンドクリーム	180g（→p18）
クリームチーズ	39g
グラニュー糖	9g
すもも	3個
グラニュー糖（すももの下準備用）	12g
ナパージュ（非加熱）	適量
デコレーション用粉糖	適量
ピスタチオ	2g

下準備

○すももを洗い縦6等分のくし切りに切り、
　グラニュー糖12gをまぶして15〜20分
　おいておく。
　※水分をしっかり出すのがポイント。

○クリームチーズは室温に戻し、やわらか
　くしておく。

○天板にピスタチオを広げ、175℃に予熱
　したオーブンで5分ローストする。粗熱
　がとれたら刻む。

○オーブンを175℃に予熱する。

作り方

1　タルト生地を型に詰めてピケをし、冷蔵庫で休
　ませる。（→p13-16）

2　クリームチーズとグラニュー糖をゴムベラで混
　ぜ合わせる。

3　1にアーモンドクリーム15gずつをスプーンで
　詰めて平らにならす。

4　2を絞り袋に入れて3に8gずつ絞り入れ、さ
　らに残りのアーモンドクリームを15gずつ絞り
　入れてふたをし、表面を平らにならす。

5　すももの水分をキッチンペーパーでふきとり、
　4に3切れずつのせる。

6　天板に5を並べて175℃に予熱したオーブンで
　10〜15分焼く。アルミホイルをかぶせ、さら
　に20〜25分焼く。

7　粗熱がとれたら型からはずし冷蔵庫で冷やす。

仕上げ

1　タルトのすももの上にナパージュを刷毛でぬり、
　ふちにデコレーション用粉糖をふる。

2　ピスタチオをちらす。

桃とアールグレイ

アールグレイが香る生地の上にサワークリームを敷き、
丁寧に煮た桃のコンポートをのせました。

PEACH & EARL GREY

材料（6個分）

タルト生地 ……… 6個分（→p10-12）	
アーモンドクリーム …… 114g（→p18）	
アールグレイ（粉末、ミルまたは すり鉢で粉砕したもの） ………… 6g	
サワークリーム ……………………… 48g	
桃のコンポート ………………… 桃(S)で2個（→p65）	
ナパージュ（非加熱） ……………… 適量	
ピスタチオ …………………………… 適量	

下準備

○天板にピスタチオを広げ、175℃に
予熱したオーブンで4分焼く。粗熱
がとれたら細かく刻む。

○オーブンを175℃に予熱する。

作り方

1 タルト生地を型に詰めてピケをし、冷蔵庫で休
ませる。（→p13-16）

2 アーモンドクリームとアールグレイをゴムベラ
で混ぜ合わせる。

3 1に2を20gずつスプーンで詰めて表面を平ら
にならす。

4 天板に3を並べて175℃に予熱したオーブンで
10〜15分焼く。アルミホイルをかぶせ、さら
に10〜15分焼く。

5 粗熱がとれたら型からはずし冷蔵庫で冷やす。

仕上げ

1 タルトにサワークリームを8gずつぬり広げる。

2 桃のコンポートを1個各12等分に切り、1に
3切れのせる。さらに、中心に半分に切った1
切れをのせる。

3 全体にナパージュを刷毛でぬり、ピスタチオを
ちらす。

無花果

初秋に出回るフレッシュな無花果（いちじく）を、
素朴な生地にたっぷりトッピングしました。

FIG

材料（6個分）

タルト生地 ………………… 6個分（→p10-12）
アーモンドクリーム ………… 120g（→p18）

カスタードクリーム ………… 60g（→p19）
無花果 ……………………………………… 小4個
ナパージュ（非加熱）…………………… 適量
タイム ……………………………………… 適量

下準備

○無花果の皮をナイフでむき、6等分に
　くし切りにする。
○オーブンを175℃に予熱する。

作り方

1 タルト生地を型に詰めてピケをし、冷蔵庫で休ませる。（→p13-16）

2 アーモンドクリームを20gずつ**1**の生地にスプーンで詰めて表面を平らにならす。

3 天板に**2**を並べて175℃に予熱したオーブンで10〜15分焼く。アルミホイルをかぶせ、さらに10〜15分焼く。

4 粗熱がとれたら型からはずし冷蔵庫で冷やす。

仕上げ

1 冷えたタルトにカスタードクリームを10gずつ絞る。

2 カットした無花果を4個ずつのせる。

3 無花果の上面にナパージュを刷毛でぬり、タイムを飾る。

プラムと無花果

PLUM & FIG

ドライプラムの赤ワイン煮をメレンゲ生地で焼き込み、
ドライ無花果を豪快にのせました。
メレンゲ生地の軽い食感が新鮮です。

※ドライプラムの赤ワイン煮は1日前に準備

材料（6個分）

タルト生地 ………… 6個分（→p10-12）

●ドライプラムの赤ワイン煮

ドライプラム …………………………… 6個
赤ワイン ………………………………… 140g
グラニュー糖 …………………………… 12g

ダークチョコレート ……………………… 18g

A｜グラニュー糖 ………………………… 20g
　｜アーモンドプードル ………………… 20g
　｜薄力粉 ………………………………… 9g

●メレンゲ

卵白 ……… 60g（卵1個半〜2個程度）
グラニュー糖 …………………………… 20g

ドライ無花果 …………………………… 3個
デコレーション用粉糖 ………………… 適量
製菓用アプリコットジャム …………… 適量

下準備

○ドライプラムの赤ワイン煮を1日前に
　準備する。下記参照。
○オーブンを160℃に予熱する。

作り方

1 タルト生地を型に詰めてピケをし、冷蔵
　庫で休ませる。（→p13-16）

2 空焼き（卵・分量外）を用意する。
　（→p16-17）

3 2にドライプラムの赤ワイン煮1個と、
　ダークチョコレート3gずつを入れる。

4 ボウルにAを目の粗いふるいでふるい
　入れる。

5 別のボウルに卵白を入れ、グラニュー糖
　を3回に分けて入れながらツノが立つま
　で泡立てる。下記参照。

6 4に5を加え、ゴムベラで混ぜる。

7 2に6を20gずつスプーンで入れる。小
　さいゴムベラで、タルト型の内側にすき
　間なく生地を入れ、残りの6を1/6量ず
　つさらに入れて、表面が山になるように
　ならす。

8 160℃に予熱したオーブンで20分焼く。

9 粗熱がとれたら型からはずし冷蔵庫で冷
　やす。

仕上げ

1 ドライ無花果を横半分に切る。

2 タルトのふちにデコレーション用粉糖を
　ふり、1の切った断面の全体と、裏に接
　着用として製菓用アプリコットジャムを
　刷毛で少しぬり、タルトの中心にのせる。

ドライプラムの
赤ワイン煮の作り方

すべての材料を鍋に入れ
て中火にかける。沸騰し
たら火からはずし、粗熱
がとれたら冷蔵庫で一晩
休ませる。

メレンゲ用卵白の泡立て方

ハンドミキサーの中速で
卵白をほぐす。白い気泡
が出てきたらグラニュー
糖1/3量入れて中速で
泡立てる。

ミキサーの羽根の筋がう
っすら残るようになった
ら、グラニュー糖1/3量
を加えて高速で泡立てる。

完全にツノが立つ前に残
りのグラニュー糖をすべ
て加えて中速でツノが立
つまで泡立てる。

洋梨 P E A R

洋梨のコンポートをたっぷりのせて焼き上げたタルト。
カシスジャムは形が少し残っているものを使います。

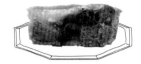

材料（6個分）

タルト生地 ……………… 6個分（→p10-12）
A ┬ アーモンドクリーム
  │ …………………… 162g（→p18）
  └ カシスジャム …………………… 18g
シロップ漬け洋梨半割れ
（GR洋梨ハーフ缶を使用）…… 2〜3個
製菓用アプリコットジャム …………… 適量

下準備

○半割の洋梨のカット面を下にして横向
　きに置き、上から厚さ2mmにスライ
　スしていく。さらに約3等分に切り分
　ける。
○オーブンを175℃に予熱する。

作り方

1 タルト生地を型に詰めてピケをし、冷蔵庫で休
　ませる。（→p13-16）

2 Aをゴムベラで混ぜ合わせる。

3 1に2を30gずつスプーンで詰めて表面を平ら
　にならす。冷蔵庫に入れておく。

4 3が冷えたらとり出し、洋梨の1/6量ずつを少
　しずつ重ねながらのせる。

5 天板に4を並べて175℃に予熱したオーブンで
　10〜15分焼く。アルミホイルをかぶせ、さら
　に20〜25分焼く。

6 粗熱がとれたら型からはずし、冷蔵庫で冷やす。

仕上げ

タルト生地以外の上面に製菓用アプリコットジャム
を刷毛でぬる。

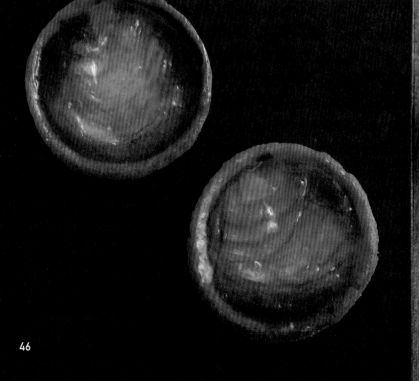

秋の味覚、栗の甘露煮とマロンペーストを
アーモンド生地の中にしっかり閉じ込めました。

MARRON

材料（6個分）

タルト生地	6個分（→p10-12）
アーモンドクリーム	180g（→p18）
マロンペースト	48g
渋皮付き栗の甘露煮	6個
製菓用アプリコットジャム	適量
スライスアーモンド	適量

下準備

○マロンペーストを8gずつに丸め、手の
　ひらで押さえて平らにし、冷蔵庫で冷や
　しておく。

○渋皮付き栗の甘露煮のシロップをキッチ
　ンペーパーで汁気をきり、半分に切る。

○スライスアーモンドを天板に広げ、175
　℃のオーブンで11分ローストする。

○オーブンを175℃に予熱する。

作り方

1　タルト生地を型に詰めてピケをし、冷蔵庫で休
　　ませる。（→p13-16）

2　タルト生地にアーモンドクリーム15gずつをス
　　プーンで詰めて平らにならす。

3　栗の切り口を上に向けて1つのせ、マロンペー
　　ストをのせる。残りのアーモンドクリーム15g
　　ずつでふたをして表面を平らにならし、その上
　　に栗をもう1つ、切り口を下にしてのせる。

4　天板に3を並べて175℃に予熱したオーブンで
　　10〜15分焼く。

5　アルミホイルをかぶせ、さらに20〜25分焼く。

6　粗熱がとれたら型からはずし、冷蔵庫で冷やす。

仕上げ

タルト全体に、製菓用アプリコットジャムを刷毛で
ぬり、スライスアーモンドをふちにのせる。

APPLE TEA

アップルティー

48

アールグレイとキャラメリゼした
りんごの組み合わせが新鮮です。
仕上げのシナモンで豊かな風味をプラス。

材料（6個分）

タルト生地 ……………… 6個分（→p10-12）
アーモンドクリーム ……… 174g（→p18）
アールグレイの茶葉（粉末・ミルまたは
　すり鉢などで細かく砕いたもの）
　…………………………………………… 6g

●りんごのソテー
| りんご ……………………………… 1個
| 無塩バター ………………………… 15g
| グラニュー糖 ……………………… 8g

製菓用アプリコットジャム ………… 適量
シナモンパウダー …………………… 適量

下準備

○りんごのソテーを作る（下記参照）。
○オーブンを175℃に予熱する。

作り方

1 タルト生地を型に詰めてピケをし、冷蔵庫で休ませる。（→p13-16）

2 アーモンドクリームとアールグレイの茶葉を、ゴムベラで混ぜ合わせる。

3 1に2を30gずつスプーンで詰めて表面を平らにならす。

4 粗熱がとれたりんごのソテーを横半分に切り、3に4切れずつのせる。

5 天板に4を並べて175℃に予熱したオーブンで10〜15分焼く。アルミホイルをかぶせ、さらに20〜25分焼く。

6 粗熱がとれたら型からはずし、冷蔵庫で冷やす。

仕上げ

1 タルト生地以外に、製菓用アプリコットジャムを刷毛でぬる。

2 シナモンパウダーを全体にふる。

作り方 PROCESS

  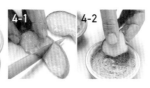

りんごのソテーの作り方

りんごの芯をとり、皮つきのまま縦に12等分のくし切りにする。

フライパンにグラニュー糖を入れて中火にかけ、キャラメル色になったらバターを加える。

バターが溶けきる前にりんごを加え、ときどき返しながらキャラメルと絡めてソテーする。

竹くしがスッと通るまでやわらかくなったら火を止め、りんごをバットに移す。常温で粗熱をとる。

黒ごま

BLACK SESAMI

ほっくりとした紫芋あんと香ばしい黒ゴマは
ベストな和のコラボレーション。
飽きないおいしさです。

材料（6個分）

タルト生地 ………… 6個分（→p10-12）
●紫芋あん
[紫芋 ……………………………… 70g
[粉糖 ……………………………… 20g

アーモンドクリーム …… 110g（→p18）
カスタードクリーム …… 53g（→p19）
黒練りゴマ ………………………… 15g
黒すりゴマ …………………………… 7g

製菓用アプリコットジャム ………… 適量
黒ゴマ ……………………………… 適量

下準備

○紫芋あんを作る（下記参照）。
○オーブンを175℃に予熱する。

作り方

1 タルト生地を型に詰めてピケをし、冷蔵
庫で休ませる。（→p13-16）

2 アーモンドクリームとカスタードクリー
ムを、ゴムベラで混ぜ合わせる。さらに
黒練りゴマと黒すりゴマを加え、均一に
混ぜる。

3 **1**をとり出し、**2**を約15gずつスプーン
で詰めて平らにならす。紫芋あんを15g
ずつ中心にのせ、その上に残りの**2**を約
15gずつのせて表面を平らにならす。

4 天板に**3**を並べて175℃に予熱したオー
ブンで10〜15分焼く。アルミホイルを
かぶせ、さらに20〜25分焼く。

5 粗熱がとれたら型からはずし、冷蔵庫で
冷やす。

仕上げ

タルトの上面の中心に製菓用アプリコット
ジャムを刷毛でぬり、その上に黒ゴマをの
せる。

紫芋あんの作り方

紫芋を洗い、濡れたまま
ラップに包んで電子レン
ジで柔らかくまるまで加
熱する。皮をむき、潰し
て裏ごししてから粉糖を
加えて混ぜる。

作り方 PROCESS

金時芋

KINTOKI POTATO

さつまいもペースト入りのクリーム生地に、
キャラメリぜした金時芋とくるみをトッピング。
小腹をおいしく満たします。

材料（8個分）

タルト生地 ⋯⋯⋯⋯ 8個分（→p10-12）
A さつまいもペースト ⋯⋯⋯⋯ 200g
牛乳 ⋯⋯⋯⋯ 15g
純生クリーム（乳脂肪分35％）
⋯⋯⋯⋯ 10g
無塩バター ⋯⋯⋯⋯ 20g
卵黄（M） ⋯⋯⋯⋯ 1個分
シナモンパウダー ⋯⋯⋯ 1g（ひとつまみ）
●金時芋とくるみのキャラメリぜ
金時芋 ⋯⋯⋯⋯ 150g
くるみ ⋯⋯⋯⋯ 100g
グラニュー糖 ⋯⋯⋯⋯ 48g
無塩バター ⋯⋯⋯⋯ 20g
製菓用アプリコットジャム ⋯⋯⋯⋯ 適量
黒すりゴマ ⋯⋯⋯⋯ 適量
ピスタチオ ⋯⋯⋯⋯ 10g

下準備

○くるみとピスタチオをそれぞれ天板に
広げ、175℃に予熱したオーブンで5
分ローストする。粗熱がとれたら、ピ
スタチオを刻む。
○オーブンを175℃に予熱する。

作り方

1 タルト生地を型に詰めてピケをし、冷蔵
庫で休ませる。（→p13-16）

2 鍋にAを入れて中火にかける。泡立て
器でしっかり混ぜ、バターが溶けたら火
からはずす。

3 2に卵黄、シナモンパウダーを加えてよ
く混ぜる。

4 1に3を約30gずつ絞る。

5 天板に4を並べて175℃に予熱したオーブ
ンで30分焼く。

6 粗熱がとれたら型からはずし冷蔵庫で冷
やす。

仕上げ

1 金時芋をよく洗い、皮つきのまま1.5cm
角の乱切りにして電子レンジでやわらか
くする。

2 金時芋とくるみをキャラメリぜする。下
記参照。

3 冷えたタルト台のふち部分に製菓用アプ
リコットジャムを刷毛でぬり、黒すりゴ
マをつける。

4 3に2の金時芋、くるみをのせて、ピス
タチオをちらす。

金時芋とくるみのキャラメリぜ

グラニュー糖を鍋に入れ
て中火にかける。キャラ
メル色より少し手前で火
を止める。

バター、ローストしたく
るみを加えて再び火にか
ける。

全体をよく混ぜてキャラ
メルを絡めたら、くるみ
をとり出す。

キャラメルが残った鍋に
金時芋を入れて絡める。

シュトーレン

STOLLEN

クリスマスの定番お菓子を
小さなタルトに色鮮やかに詰め込みました。
芳香で味わい深い一品です。

※ラム酒漬けドライフルーツは2日前に準備

材料（6個分）

タルト生地 ………… 6個分（→p10-12）
アーモンドクリーム ………… 90g（→p18）

● ラム酒漬けドライフルーツ
　┌ 皮つきシロップ漬けオレンジスライス
　│ ………… 10g
　│ レーズン ………… 20g
　│ ドライ無花果 ………… 10g
　└ ラム酒 ………… 20g
　シナモンパウダー ……… 1g（ひとつまみ）
　溶かし無塩バター ………… 30g

● クレームシャンティー
　┌ 純生クリーム（乳脂肪分35％）
　│ ………… 70g
　└ グラニュー糖 ………… 7g

くるみ ………… 30g

● キャラメルクリーム（15g分→p87）
　┌ グラニュー糖 ………… 35g
　│ 純生クリーム（乳脂肪分35％）…… 45g
　└ 無塩バター ………… 10g
　※上記は作りやすい分量。

A ┌ レーズン ………… 12粒
　│ ドライクランベリー ………… 24粒
　│ 皮つきシロップ漬け
　│ 　　オレンジスライス ………… 1枚半
　└ ドライ無花果 ………… 1個

下準備

○ ラム酒漬けドライフルーツは、2日前
　に準備しておく。右記参照。
○ Aの皮つきシロップ漬けオレンジス
　ライスを1/4サイズに、ドライ無花果
　を1cm角にカットしておく。
○ オーブンを175℃に予熱する。

作り方

1 タルト生地を型に詰めてピケをし、冷蔵
　庫で休ませる。（→p13-16）

2 アーモンドクリーム、ラム酒漬けドライ
　フルーツ、シナモンパウダーをゴムベラ
　で混ぜ合わせる。

3 1に2を25gずつスプーンで詰めて表面
　を平らにならす。

4 天板に3を並べて175℃に予熱したオー
　ブンで10〜15分焼く。アルミホイルを
　かぶせ、さらに20〜25分焼く。

5 熱いうちに4の表面に溶かしバターを
　刷毛でぬる。

6 粗熱がとれたら型からはずし冷蔵庫で冷
　やす。

仕上げ

1 クレームシャンティーを作る。純生クリー
　ムとグラニュー糖を合わせ、泡立て器
　で8分立てにする。

2 くるみとキャラメルクリームを混ぜ合わ
　せ、タルトの左半分にのせる。くるみの
　上にAを1/6量ずつのせる。

3 タルトの右半分に、サントノーレ口金＃
　15で1を絞る。

ラム酒漬けドライフルーツの作り方

皮つきシロップ漬けオレ
ンジスライスとドライ無
花果を、7mm角に切る。
レーズンとともに深めの
器に入れ、浸かる程度に
ラム酒を加える。2日間
冷蔵庫に入れつけておく。

日本酒

SAKE

酒かすを仕込んだ生地の上に、
日本酒がほんのり香る
クリームをトッピング。
ざくろの酸味がほどよいアクセントに。

材料（6個分）

タルト生地	6個分（→p10-12）
アーモンドクリーム	110g（→p18）
酒かす	30g
牛乳	40g

●チーズクリーム

クリームチーズ	31g
グラニュー糖	5.5g
日本酒	5g
純生クリーム（35%）	22g
ざくろ	36粒

作り方

1 タルト生地を型に詰めてピケをし、冷蔵庫で休ませる。（→p13-16）

2 酒かすをボウルに入れる。60℃以下の湯煎にかけて、牛乳を3回に分けて加え、その都度、泡立て器でよく混ぜる。

3 アーモンドクリームと2をゴムベラで混ぜ合わせる。

4 1に3を30gずつスプーンで詰めて、表面を平らにならす。

5 天板に4を並べて175℃に予熱したオーブンで10〜15分焼く。アルミホイルをかぶせ、さらに20〜25分焼く。

6 粗熱がとれたら型からはずし冷蔵庫で冷やす。

仕上げ

1 チーズクリームを作る。クリームチーズを耐熱ボウルに入れ、ラップを密着させて電子レンジで10〜20秒温めてやわらかくする。

2 1にグラニュー糖、日本酒を加えて泡立て器で混ぜ合わせる。冷蔵庫で10分ほど冷やす。

3 純生クリームをボウルに入れて、泡立て器で8分立てにたてる。

4 2に3を加えて、ゴムベラで混ぜ合わせる。サルタン口金（直径47×高さ45㎜）をセットした絞り袋に3を入れ、タルトに絞る。中心にざくろを6粒ずつ入れる。

PART 3

デザートにも！
冷やして作る
レアタルト

サクサクの薄いタルト台に、
ムースやクリームをたっぷり詰めて
冷やし固めました。
食後のデザートにも最適です。

苺とさくらムース

STRAWBERRY & CHERRY BLOSSOMS

58

淡いピンク色のムースに桜の花をちょこんとのせた
春の趣がたっぷりのタルト。
ムースは桜あんと桜リキュール入りです。

材料（5個分）

タルト生地 ⋯⋯⋯⋯⋯ 5個分（→p10-12）
純生クリーム（乳脂肪分35％）⋯⋯⋯ 50g
牛乳 ⋯⋯⋯⋯⋯⋯⋯⋯⋯⋯⋯⋯⋯⋯ 30g
板ゼラチン ⋯⋯⋯⋯⋯⋯⋯⋯⋯⋯ 2.3g
桜あん ⋯⋯⋯⋯⋯⋯⋯⋯⋯⋯⋯⋯⋯ 35g
桜リキュール ⋯⋯⋯⋯⋯⋯⋯⋯⋯⋯ 5g
苺 ⋯⋯⋯⋯⋯⋯⋯⋯⋯⋯⋯⋯⋯⋯ 2個半

ナパージュ（非加熱）⋯⋯⋯⋯⋯⋯⋯ 5g
桜シロップ ⋯⋯⋯⋯⋯⋯⋯⋯⋯⋯⋯ 1g
桜の花の塩漬け ⋯⋯⋯⋯⋯⋯⋯⋯⋯ 5枚

下準備

○苺はヘタをとり、半分に切る。
○板ゼラチンは氷水につけてふやかして
　おく。
○桜の花の塩漬けを水にさらして塩抜き
　し、余分な花弁をとり除く。その後キ
　ッチンペーパーで水気をきっておく。

作り方

1 タルト生地を型に詰めて、冷蔵庫で休ま
せる。（→p13-15）

2 空焼き（ホワイトチョコレート・分量外）
を用意する。（→p17）

3 純生クリームを7分立てに泡立てて冷蔵
庫に入れておく。

4 沸騰直前の湯煎で牛乳を温める。

5 4にふやかした板ゼラチンの水気を絞っ
て加えてよく混ぜる。

6 ボウルに桜あん、5を入れて泡立て器で
混ぜる。

7 6に桜リキュールを加えて混ぜる。

8 7に3を一部加え、泡立て器でざっと混
ぜたら、残りの3を加えてゴムベラで均
一に混ぜる。

9 8を2の空焼きの1/3の高さまで流し、
苺1切れを入れて空焼きのふちまで残り
の8を流す。

10 冷蔵庫で3時間以上冷やす。

仕上げ

1 ナパージュと桜シロップを混ぜる。

2 ムースの上面に1を刷毛でぬり、桜の花
をのせる。

作り方 PROCESS

木苺とチョコレート

RASPBERRY&CHOCOLATE

濃厚なチョコレートムースに
フレッシュな木苺を閉じ込めました。
甘さと酸味のバランスが絶妙です。

材料（9個分）

タルト生地 ……………… 9個分（→p10-12）	
純生クリーム（乳脂肪分35％） …… 100g	
ココアパウダー ……………………… 15g	
牛乳 …………………………………… 75g	
卵黄（M） …………………………… 2個	
グラニュー糖 ………………………… 40g	
板ゼラチン …………………………… 2.5g	
ダークチョコレート ………………… 15g	
ラズベリー …………………………… 18個	
ダークチョコレート（仕上げ用） …… 80g	
無塩バター …………………………… 20g	
A｜牛乳 …………………………… 30g	
｜水あめ ………………………… 5g	
純生クリーム（乳脂肪分35％） …… 12g	

●ベリーソース
```
ラズベリーピューレ ………………… 25g
グラニュー糖 ………………………… 5g
コーンスターチ …… 1g（ひとつまみ）
```

ナパージュ（非加熱） ……………… 適量

下準備

○板ゼラチンを氷水につけてふやかして
おく。

作り方 **PROCESS**

作り方

1 タルト生地を型に詰めて、冷蔵庫で休ませ
る。（→p13-15）

2 空焼き（ダークチョコレート・分量外）を
用意する。（→p17）

3 純生クリームを泡立て器で7分立てにして、
冷蔵庫に入れておく。

4 ボウルにココアパウダーを入れ、牛乳を4
回に分けて加える。その都度泡立て器で混
ぜる（ダマがないように少しずつ加えて混
ぜる）。沸騰直前の湯煎にかけて温める。

5 ボウルに卵黄とグラニュー糖を入れ、泡立
て器で白っぽくなるまで混ぜる。

6 5に4を加えてよく混ぜ、沸騰直前の湯煎
に3分ほどかけて混ぜながら中心温度を
80℃にする。

7 湯煎からはずした6にふやかした板ゼラチ
ンの水気を絞って加えてよく混ぜる。

8 7をこし器でこしてから、ダークチョコレー
トを加えて混ぜる。氷水につけながら混
ぜて、40℃まで下がったら氷水からはずす。

9 8に3を加え、泡立て器でざっと混ぜたら、
ゴムベラに持ち替えて均一に混ぜる。

10 9を2の空焼きの1/3の高さまで流し、ラ
ズベリー2個を入れて残りの9を空焼きの
8分目の高さまで流す。冷蔵庫で3時間以
上冷やす。

仕上げ

1 ダークチョコレートを60℃以下の湯煎に
かけて溶かす。

2 Aをボウルに入れて、湯煎にかけて温める。

3 1に2を加えて、泡立て器で混ぜる。

4 3にバターを加えて混ぜる。

5 タルトのふちまで4を流し、冷蔵庫で2
時間以上冷やす。

6 ベリーソースを作る。ボウルに材料をすべ
て入れて、沸騰直前の湯煎にかけながらと
ろみがつくまで泡立て器で混ぜる。

7 冷えて固まった5の上面にナパージュを刷
毛でぬる。

8 ベリーソースをコルネに入れて、7に丸く
絞り出す。

ブルーベリーチーズ

BLUEBERRY CHEESE

コクのあるクリームチーズがブルーベリーの
酸味を引き立てます。シンプルな
組み立てだからこそのおいしさがあります。

材料（6個分）

タルト生地	6個分（→p10-12）
純生クリーム（乳脂肪分35%）	50g
クリームチーズ	50g
グラニュー糖	24g
サワークリーム	18g
牛乳	30g
板ゼラチン	2g
ブルーベリージャム（サン・ダルフォーの砂糖不使用）	15g
ナパージュ（非加熱）	適量
ブルーベリー	30個

下準備

○板ゼラチンを氷水につけてふやかしておく。

作り方

1 タルト生地を型に詰めて、冷蔵庫で休ませる。（→p13-15）

2 空焼き（ホワイトチョコレート・分量外）を用意する。（→p17）

3 純生クリームを泡立て器で7分立てにして、冷蔵庫に入れておく。

4 クリームチーズを耐熱ボウルに入れ、ラップを密着させて電子レンジで10〜20秒温めてやわらかくする。泡立て器でほぐして、グラニュー糖を加えてよく混ぜる。サワークリームも加えて混ぜる。

5 牛乳を沸騰直前の湯煎にかけて温める。

6 湯煎からはずした5にふやかした板ゼラチンを水気を絞って加えてよく混ぜる。

7 4に6をこしながら加えて混ぜる。

8 7に3を加え、泡立て器でざっと混ぜたら、ブルーベリージャムを加える。ゴムベラに替えて均一に混ぜる。

9 8を2の空焼きの1/3の高さまで流し、ブルーベリーを2個入れる。さらに残りの8を空焼きのふちまで流す。冷蔵庫で3時間以上冷やす。

仕上げ

ムースの上面にナパージュを刷毛でぬり、中心にブルーベリーを3個飾る。

作り方 PROCESS

桃
PEACH

大振りのコンポートをのせた
桃好きのための桃タルト。
ムースの中にも桃のシロップが
たくさん入っています。

材料（6個分）

タルト生地 ………… 6個分（→p10-12）
●桃のコンポート

| 桃 ………………… 1（M）～2（S）個
| 水 …………………………… 250g
| グラニュー糖 ………………… 75g
| 白ワイン …………………… 63g
| レモン果汁 ………………… 10g

桃のコンポートのシロップ ……… 55g
純生クリーム（乳脂肪分35%）…… 45g
卵黄（M）…………………… 1個分
グラニュー糖 ………………… 8g
板ゼラチン …………………… 1.5g
桃リキュール ………………… 3g

ナパージュ（非加熱）…………… 適量

下準備

○桃のコンポートを作る。下記参照。
○板ゼラチンは氷水につけてふやかして
　おく。

作り方

1　タルト生地を型に詰めて、冷蔵庫で休ま
　せる。（→p13-15）

2　ホワイトチョコレート（分量外）の空焼
　きを用意する。（→p17）

3　桃のコンポートのシロップを沸騰直前の
　湯煎にかけて温める。

4　純生クリームを泡立て器で7分立てにし
　て、冷蔵庫に入れておく。

5　ボウルに卵黄とグラニュー糖を入れ、泡
　立て器で白っぽくなるまで混ぜる。

6　5に3を加えてよく混ぜ、沸騰直前の湯
　煎に3分ほどかけて混ぜながら中心温度
　を80℃にする。

7　湯煎からはずした6にふやかした板ゼラ
　チンを水気をきって加え、よく混ぜる。

8　7を網目の粗いこし器でこす。桃リキュ
　ールを加え氷水につけながら混ぜる。
　18℃まで下がったら氷水からはずす。

9　8に4を加え、泡立て器でざっと混ぜた
　ら、ゴムベラに替えて均一に混ぜる。

10　9を2の空焼きの2/3の高さまで流す。
　※この時、ムースにとろみがないと上に
　のせる桃のコンポートが沈むため、とろ
　みがあまりついてない場合は氷水につけ
　て冷やす。

11　桃のコンポートをのせ、冷蔵庫で3時間
　以上冷やす。

仕上げ

タルトの上面全体に、ナパージュを刷毛で
ぬる。

桃のコンポートの作り方

❶ 桃を優しく洗い、うぶ毛をとる。皮つきのまま半分に切る。

❷ 皮と種がついたまま鍋に入れて、他の材料もすべて加える。

③ ①を中火にかけて、沸騰したら弱火にして15分火にかける。

④ 途中7分くらいで桃を返す。※桃が煮えたら、シロップ55gをとっておく。

❺ 火からはずして粗熱をとる。皮と種を除いてキッチンペーパーでシロップをきる。桃半分を縦1/2にカットしてさらに横1/2にカットする。

ライムと
ホワイトチョコレート

LIME&WHITE CHOCOLATE

ライムとホワイトチョコを合わせたさわやかなムースに、
パッションソースの甘酸っぱさをプラス。
夏のさわやかタルトです。

材料（10個分）

タルト生地 ……………… 10個分（→p10-12）

●パッションソース

A パッションピューレ …………… 25g
　グラニュー糖 ………………………… 5g
　コーンスターチ …………………… 3g

純生クリーム（乳脂肪分35%）…… 100g
ホワイトチョコレート ……………… 100g
卵黄（M）……………………………… 1個
グラニュー糖 …………………………… 6.5g
牛乳 ……………………………………… 40g
板ゼラチン …………………………… 2g
ライム果汁 …………………………… 33g
ライムの皮のすりおろし ……… 1/2個分
ナパージュ（非加熱）………………… 30g
ライム皮のすりおろし（仕上げ用）
……………………………………… 1/4個分
ライム ……………………………… 1/2個

下準備

○板ゼラチンを氷水につけてふやかして
おく。

仕上げ PROCESS

作り方

1 パッションソースを作る。ボウルに **A**
を入れて沸騰直前の湯煎にかける。よく
混ぜてとろみがついたら湯煎からはずす。

2 タルト生地を型に詰めて、冷蔵庫で休ま
せる。（→p13-15）

3 空焼き（ホワイトチョコレート・分量外）
を用意する。（→p17）

4 純生クリームを泡立て器で7分立てにし
て、冷蔵庫に入れておく。

5 ホワイトチョコレートを60℃以下の湯
煎にかけて溶かす。

6 ボウルに卵黄とグラニュー糖を入れ、泡
立て器で白っぽくなるまで混ぜる。

7 牛乳を湯煎で温めて、**6** に加えて泡立て
器で混ぜる。沸騰直前の湯煎にかけて、
混ぜながら中心温度を80℃にする。

8 湯煎からはずした **7** にふやかした板ゼラ
チンの水気を絞って加えてよく混ぜる。

9 **3** に **8** をこしながら入れる。泡立て器で
よく混ぜて、ライム果汁、ライム皮のす
りおろしを加えてさらに混ぜる。

10 **9** に **4** を加え、泡立て器でざっと混ぜた
ら、ゴムベラに替えて均一に混ぜる。

11 **10** を **2** の空焼きのふちまで流す。**1** を
表面に垂らして、爪楊枝でマーブル模様
にする（パッションソースが冷えて固ま
っている場合は湯煎にかけて温める）。

12 冷蔵庫で3時間以上冷やす。

仕上げ

1 ナパージュにライムの皮のすりおろしを
混ぜる。

2 ムースの上面に **1** を刷毛でぬる。ライム
を縦に1/4に切ってから0.2cm厚で横に
切る。ムースの中心にのせる。

抹茶とゆず

<u>MATCHA&YUZU</u>

香り高い抹茶クリームの中に
ゆず茶をしのばせた
優しい風味の和のタルトです。
仕上げの絞り出しクリームは
芽吹く苔をイメージしています。

材料（5個分）

タルト生地	5個分（→p10-12）
純生クリーム（乳脂肪分35%）	50g
卵黄（M）	1/2個
グラニュー糖	22g
抹茶パウダー	2.5g
牛乳	32g
板ゼラチン	1.5g
ゆず茶	35g（下記参照）

●抹茶クリーム

A	抹茶チョコレート	5g
	純生クリーム（乳脂肪分35%）	5g
B	純生クリーム（乳脂肪分35%）	55g
	グラニュー糖	4g

デコレーション用粉糖 ………… 適量

下準備

○板ゼラチンは氷水につけてふやかして
おく。

ゆず茶
市販のゆず茶を使って手軽に。
お好みのもので大丈夫。

作り方

1 タルト生地を型に詰めて、冷蔵庫で休ませる。（→p13-15）

2 空焼き（抹茶チョコレート・分量外）を用意する。（→p17）

3 純生クリームを泡立て器で、7分立てにして冷蔵庫に入れておく。

4 ボウルに卵黄とグラニュー糖を入れ、泡立て器で白っぽくなるまで混ぜる。

5 別のボウルに抹茶パウダーを入れて、そこに牛乳を少しずつ加えてダマがないように混ぜる。沸騰直前の湯煎にかけて温める。

6 4に5を加えてよく混ぜ、沸騰直前の湯煎に3分ほどかけて混ぜながら中心温度を80℃にする。

7 湯煎からはずした6にふやかした板ゼラチンの水気を絞って加えてよく混ぜる。

8 7をこし器でこす。その後、氷水につけながら混ぜて、40℃まで下がったら氷水からはずす。

9 8に3を加え、泡立て器でざっと混ぜたら、ゴムベラに替えて均一に混ぜる。

10 9を2の空焼きの1/3の高さまで流し、ゆず茶を7gずつ入れて残りの9を空焼きのふちまで流す。冷蔵庫で3時間以上冷やす。

仕上げ

1 抹茶クリームを作る。ボウルにAを入れて60℃以下の湯煎にかけて混ぜる。均一に混ざったら湯煎からはずしておく。

2 ボウルにBを入れて泡立て器で7分立てにする。

3 1に2を1/3量加えてゴムベラで混ぜてから、2をすべて加えて混ぜる。絞れる固さになるまで泡立て器で泡立てる。

4 菊口金12切#7をつけた絞り袋に3を入れて、タルトに絞る。タルトの上面の半分にデコレーション用粉糖をふる。

ミルクティー
MILK TEA

ロイヤルミルクティーの
やさしい味わいのムースに
ミルキーなホワイトチョコレートを
のせました。香りも豊かです。

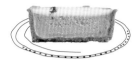

材料（9個分）

タルト生地 ……………… 9個分（→p10-12）
純生クリーム（乳脂肪分35%）……… 75g
卵黄（M）…………………… 1と1/2個
グラニュー糖 …………………… 20g
アールグレイ（茶葉）…………… 6g
牛乳 ……………………………… 100g
板ゼラチン …………………………… 2.5g

●ホワイトチョコレートのグラサージュ
┌ ホワイトチョコレート ……………… 75g
│ A｜牛乳 ……………………………… 30g
│　　水 ………………………………… 7.5g
│　　水あめ …………………………… 13g
└ 板ゼラチン …………………………… 1.5g

アールグレイ（粉末・ミルやすり鉢で
　粉砕したもの）………………………… 適量

下準備

○板ゼラチン（2.5g、1.5g）を一緒に氷
　水につけてふやかしておく。

仕上げ**PROCESS**

作り方

1 タルト生地を型に詰めて、冷蔵庫で休ませる。（→p13-15）

2 空焼き（ホワイトチョコレート・分量外）を用意する。（→p17）

3 純生クリームを泡立て器で、7分立てにして冷蔵庫に入れておく。

4 ボウルに卵黄とグラニュー糖を入れ、泡立て器で白っぽくなるまで混ぜる。

5 鍋に牛乳を入れて中火にかける。沸騰直前になったら火を止めてアールグレイ（茶葉）を入れて蓋をし、2分蒸らす。再度中火にかけて、一煮立ちさせる。

6 4に5をこしながら入れる。茶葉をスプーンで押して、しっかりと絞る。その後、泡立て器でしっかりと混ぜる。

7 6を沸騰直前の湯煎にかけて、3分ほど混ぜながら中心温度を80℃にする。

8 湯煎からはずした7に、ふやかした板ゼラチン（2.5g）の水気を絞って加えてよく混ぜる。

9 8をこし器でこす。氷水につけながら混ぜて、25℃まで下がったら氷水からはずす。

10 9に3を加え、泡立て器でざっと混ぜたら、ゴムベラに替え均一に混ぜる。

11 10を2の空焼きのふちまで流し、冷蔵庫で3時間以上冷やす。

仕上げ

1 ホワイトチョコレートのグラサージュを作る。まずホワイトチョコレートを50℃以下の湯煎にかけて溶かす。

2 ボウルにAを入れて、沸騰直前の湯煎にかけて温める。

3 1に2を加えて泡立て器でよく混ぜる。

4 板ゼラチン（1.5g）の水気をよく絞り、3に入れてよく混ぜる。こし器でこす。

5 ムースの上に、4をティースプーン1杯ほど流して、全体に広げる。

6 アールグレイの粉末を細長くふる。

はちみつシトラス

HONEY CITRUS

クリーミーで甘酸っぱいムースの中に、
はちみつ漬けレモンを忍ばせた清涼感あふれるタルト。

※はちみつ漬けレモンは前日に準備

材料（6個分）

タルト生地 ………… 6個分（→p10-12）

●はちみつ漬けレモン
- レモン ……………………………… 1個
- はちみつ ……………………………… 適量

●はちみつレモンジュレ
- はちみつ漬けレモンの汁 ………… 20g
- 板ゼラチン ……………………… 0.3g
  （※1gを1/3にカットしたもの）

純生クリーム（乳脂肪分35％）……… 50g
クリームチーズ ……………………… 50g
はちみつ ……………………………… 25g
サワークリーム ……………………… 32g
牛乳 …………………………………… 30g
板ゼラチン …………………………… 2g

デコレーション用粉糖 ……………… 適量
ピスタチオ …………………………… 適量

下準備

○前日にはちみつ漬けレモンを作る。下記参照。

○はちみつ漬けレモンの汁をキッチンペーパーできり、仕上げ用に6枚残して細かく刻んでおく。汁はとっておく。

○はちみつレモンジュレを作る。下記参照。

○ピスタチオを天板にひろげて、175℃に予熱したオーブンで5分ローストする。粗熱がとれたら細かく刻む。

○板ゼラチン（0.3g、2g）を一緒に氷水につけてふやかしておく。

作り方

1　タルト生地を型に詰めて、冷蔵庫で休ませる。（→p13-15）

2　空焼き（ホワイトチョコレート・分量外）を用意する。（→p17）

3　刻んだはちみつ漬けレモンを1/6量ずつ2の底一面に敷く。

4　純生クリームを泡立て器で7分立てにして、冷蔵庫に入れておく。

5　耐熱ボウルにクリームチーズを入れて、ラップを密着させて電子レンジに20秒かける。泡立て器で混ぜて、はちみつとサワークリームを加えて混ぜる。

6　ボウルに牛乳を入れて湯煎にかけて温める。ふやかした板ゼラチン（2g）の水気を絞って加えてよく混ぜ、こしながら5に入れる。泡立て器でよく混ぜる。

7　6に4を加え、泡立て器でざっと混ぜたら、ゴムベラに替えて均一に混ぜる。

8　2の空焼きのふちまで流す。冷蔵庫で3時間以上冷やす。

仕上げ

1　ムースの上面にデコレーション用粉糖をふる。

2　1の中心にはちみつレモンジュレの1/6量、はちみつ漬けレモンを1枚のせて、ピスタチオをちらす。

はちみつ漬けレモンの作り方

レモンをよく洗って縦4等分に切り、横1〜2mm厚に切る。タッパに入れて、浸る量のはちみつを加える。冷蔵庫で1日漬ける。

はちみつレモンジュレの作り方

はちみつ漬けレモンの汁をボウルに入れて沸騰直前の湯煎にかけて温める。そこにふやかした板ゼラチンを加えてよく混ぜる。氷水につけて、粗熱をとって冷蔵庫で2時間以上冷やす。

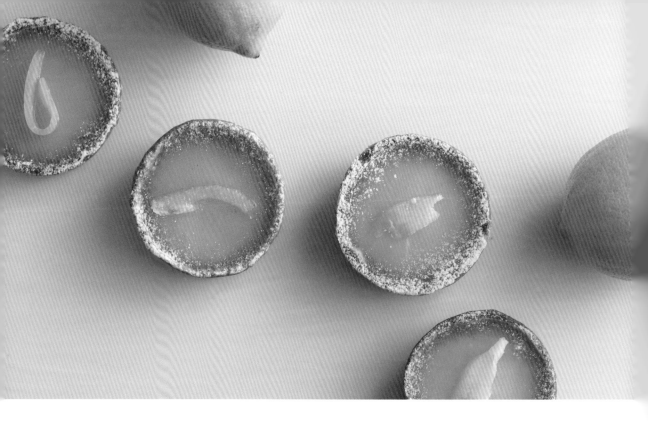

レ モ ン

L E M O N

甘酸っぱくて濃厚なレモンカードを
詰めました。ホワイトチョコを
ぬったタルト台のサクサク感とともに
味わってください。

材料（5個分）

タルト生地 ·············· 5個分（→p10-12）
全卵（M）····································· 1個
A｜レモン果汁 ··························· 60g
　｜グラニュー糖 ······················ 60g
　｜無塩バター ·························· 50g
製菓用アプリコットジャム、
デコレーション用粉糖、レモンピール
······································· 各適量

作り方

1 タルト生地を型に詰めて、冷蔵庫で休ませる。
（→p13-15）

2 空焼き（ホワイトチョコレート・分量外）を
用意する。（→p17）

3 レモンカードを作る。ボウルに全卵を割り入
れ、よく溶きほぐす。

4 鍋に **A** を入れて中火にかける。全体が均一
に混ざったら火を止める。

5 **4** を **3** に加え、よく混ぜる。鍋に戻して中
火にかけ、ゴムベラで混ぜながら軽く沸騰し
たら、こし器でこす。

6 氷水につけながら混ぜて、30℃まで下がっ
たら氷水からはずす。

7 **2** の空焼きに **6** を44gずつ流し、冷蔵庫で3
時間以上冷やす。

仕上げ

1 レモンカードの上面に製菓用アプリコットジ
ャムを刷毛でぬり、ふちにデコレーション用
粉糖をかける。

2 中心にレモンピールを飾る。

一年中
食べたいタルト

一年を通して入手しやすい具材で作る
タルトを集めました。
食べたい時に、気軽に作って食べることが
できるのがうれしいポイントです。

ラムレーズン

RUM RAISIN

ラム酒につけたレーズンの芳香が広がる
大人のタルト。クランブルのザクザクとした
食感とともにお楽しみください。

※ラムレーズンは2日前に準備
※クランブル生地は前日に準備

材料（6個分）

タルト生地 …………… 6枚（→p10-12）
アーモンドクリーム …… 120g（→p18）
ラズベリージャム
（サン・ダルフォーの砂糖不使用）
……………………………………… 42g

●ラムレーズン
┌ レーズン …………………………… 48粒
└ ラム酒 ……………………………… 適量
●クランブル（66g分を使用）
┌ 無塩バター ………………………… 35g
│ A ┌ 薄力粉 ……………………… 16g
│   │ 強力粉 ……………………… 16g
│   └ アーモンドプードル ……… 25g
│ B ┌ ブラウンシュガー（低精製の砂糖）
│   │ ………………………………… 35g
└   └ グラニュー糖 ……………… 35g
※上記は作りやすい分量。
デコレーション用粉糖 ……………… 適量

下準備

○ラムレーズンは2日前に準備する。右
　記参照。
○クランブル生地は前日に準備する。下
　記参照。
○オーブンを175℃に予熱する。

作り方

1 タルト生地を型に詰めてピケをし、冷蔵
庫で休ませる。（→p13-16）

2 タルト生地にアーモンドクリームを20g
ずつ、スプーンで詰めて表面を平らにな
らす。

3 2にラズベリージャムを7gずつぬり広
げ、ラムレーズンを8粒のせて、クラン
ブルを11gずつかける。

4 天板に3を並べて175℃に予熱したオー
ブンで10〜15分焼く。アルミホイルを
かぶせ、さらに20〜25分焼く。

5 粗熱がとれたら型からはずし、冷蔵庫で
冷やす。

仕上げ

タルトの中心に、デコレーション用粉糖を
ふる。

ラムレーズンの作り方
深めの器にレーズンを入
れ、浸るくらいにラム酒
を入れる。2日間冷蔵庫
で漬けておく。

クランブルの作り方

バターを小さく角切りに
して、冷蔵庫で冷やして
おく。

Aを粗い目のふるいで
ふるう。

②にBを加えて手で混
ぜ合わせる。

③に①を加え、手でバタ
ーをつぶしながら粉と混
ぜる。

バターのかたまりがなく
なったらバットに移し、
ラップをして冷蔵庫で一
晩休ませる。※冷凍庫で
2週間保存可。

濃抹茶

RICH GREEN TEA

甘さを抑えた濃厚な抹茶のタルト。
生地の中のふっくら小豆が抹茶の渋みをやわらげて、
おいしさの引き立て役になります。

材料（5個分）

タルト生地 ……………… 5個分（→p10-12）
A ┌ アーモンドクリーム ── 70g（→p18）
  └ カスタードクリーム ── 70g（→p19）
抹茶パウダー ……………………………… 10g
ゆであずき（無糖）……………………… 30g

●抹茶ガナッシュ
┌ 抹茶チョコレート ……………………… 60g
│ B ┌ 牛乳 ……………………………… 22g
│   │ 純生クリーム（乳脂肪分35%）
│   │   9g
│   └ 水あめ ……………………………… 4.5g
└ 純生クリーム（乳脂肪分35%）…… 15g

抹茶パウダー（仕上げ用）……………… 適量

下準備

○オーブンを175℃に予熱する。

作り方

1 タルト生地を型に詰めてピケをし、冷蔵庫で休ませる。（→p13-16）

2 Aを、ゴムベラで混ぜ合わせる。さらに抹茶パウダーを加え、均一に混ぜる。

3 1を取り出し、2を15gずつスプーンで詰めて平らにならす。ゆであずきを6gずつ中心にのせ、残りの2の15gずつでふたをして表面を平らにならす。

4 天板に3を並べて175℃に予熱したオーブンで10〜15分焼く。アルミホイルをかぶせ、さらに20〜25分焼く。

5 粗熱がとれたら型からはずし、冷蔵庫で冷やす。

6 抹茶ガナッシュを作る。下記参照。

7 抹茶ガナッシュを湯煎に少しかけて流しやすいゆるさにしてから、6のタルトに流す。冷蔵庫で3時間以上冷やす。

仕上げ

タルトの上面半分に抹茶パウダーをふる。

抹茶ガナッシュの作り方

❶ 抹茶チョコレートを60℃以下の湯煎で溶かす。Bも同時に湯煎にかけて温める。

❷ 抹茶チョコレートにBを入れて均一に混ぜる。この時、55℃以上にならないように注意。

❸ 純生クリームを入れて均一に混ぜる。

ティラミス

TIRAMISU

甘さを控えコーヒーの苦味を効かせたシックなタルト。
コーヒー豆チョコとタイムでおしゃれに仕上げます。

材料（6個分）

タルト生地 ················· 6個分（→p10-12）
●ガナッシュ
　ダークチョコレート ······················ 18g
　純生クリーム（乳脂肪分35%） ···· 18g
アーモンドクリーム ·········· 66g（→p18）
カスタードクリーム ········· 33g（→p19）
トラブリ カフェエキストラ ············· 2 g
　（下記参照）

●ティラミスクリーム
　クリームチーズ ······················ 30g
　マスカルポーネ ······················ 48g
　グラニュー糖 ························· 15g
　純生クリーム（乳脂肪分35%） ···· 60g

コーヒー豆チョコ ·················· 12粒
タイム ································· 適量

下準備

○オーブンを175℃に予熱する。

**トラブリ カフェ
エキストラ**
フランス製の香り高いコーヒーを5倍に濃縮したもの。香りは薄くなるが、インスタントコーヒーを湯で濃いめに溶いたもので代用可。

作り方

1 タルト生地を型に詰めてピケをし、冷蔵庫で休ませる。（→p13-16）

2 ガナッシュを作る。ダークチョコレートを60℃以下の湯煎で溶かし、純生クリームを加える。湯煎にかけながら、ムラなく混ぜたら、湯煎からはずし常温においておく。

3 アーモンドクリーム、カスタードクリーム、トラブリ、**2**のガナッシュをゴムベラで混ぜ合わせる。

4 **1**に**3**を約23gずつスプーンで詰めて表面を平らにならす。

5 天板に**4**を並べて175℃に予熱したオーブンで10〜15分焼く。アルミホイルをかぶせ、さらに15〜20分焼く。

6 粗熱がとれたら型からはずし、冷蔵庫で冷やす。

仕上げ

1 ティラミスクリームを作る。下記参照。

2 タルトに**1**を1/6量（25.5g）ずつスプーンでのせる。コーヒー豆チョコを2粒ずつのせタイムを飾る。

ティラミスクリームの作り方

クリームチーズを耐熱ボウルに入れ、ラップを密着させて電子レンジで10〜20秒温めてやわらかくする。

①にマスカルポーネ、グラニュー糖を加えて泡立て器でダマがないようによく混ぜる。

純生クリームを加え、もったりするまで泡立て器で泡立てる。

ナッツチョコレート

NUTS CHOCOLATE

カカオ成分の高いチョコレートを2層に仕立て、
チョコと相性のいいナッツとクランベリーをトッピング。
チョコ好きのためのタルトです。

材料（6個分）

タルト生地 ……………… 6個分（→p10-12）
ダークチョコレート ……………………… 65g
純生クリーム（乳脂肪分35%） ……… 72g
全卵（M） ……………………………… 1個

●チョコレートクリーム
ダークチョコレート ………………… 35g
純生クリーム（乳脂肪分35%） … 80g
グラニュー糖 ……………………… 7g

アーモンド、ヘーゼルナッツ、
ピスタチオ、くるみ ………………… 各6粒
ドライクランベリー …………………… 18個
デコレーション用粉糖 ……………… 適量

下準備

○卵は室温に戻しておく。

○くるみとピスタチオを天板に広げ、
175℃に予熱したオーブンで5分ロー
ストする。ヘーゼルナッツとアーモン
ドは、同様に11分ローストする。く
るみとピスタチオは粗熱がとれたら半
分に切る。

○オーブンを160℃に予熱する。

作り方

1 タルト生地を型に詰めて、冷蔵庫で休ま
せる。（→p13-15）

2 空焼き（卵・分量外）を用意する。（→p
16-17）

3 ダークチョコレートと純生クリームを
60℃以下の湯煎にかけて溶かす。

4 全卵をよく溶いて、こし器でこしておく。

5 湯煎にかけたままの3に4を少しずつ
加えながら、泡立て器で均一に混ぜる。

6 2に5を約30gずつ流し、150℃に予熱
したオーブンで13分焼く。
※表面にヒビが入れば焼けている証拠。

7 粗熱がとれたら型からはずし、冷蔵庫で
冷やす。

仕上げ

1 チョコレートクリームを作る。下記参照。

2 丸口金＃12をつけた絞り袋に、1のチ
ョコレートクリームを入れ、端から中心
に向かって渦巻きに絞る。

3 ナッツとドライクランベリーを飾り、ふ
ちにデコレーション用粉糖をふる。

仕上げ PROCESS

チョコレートクリームの作り方

ダークチョコレートを
60℃以下の湯煎にかけ
て溶かす。

純生クリームとグラニュ
ー糖を入れて7分立てに
泡立て、その4割を①に
加えて混ぜる。

クリームが硬い場合は、
湯煎に少しかけてやわら
かくする。艶があって少
しとろみがあるくらいが
ベスト。

③に残りの②を加え、ゴ
ムベラで混ぜる。

焼きバナナチョコレートと
ヘーゼルナッツ

GRILLED BANANAS CHOCOLATE & HAZELNUT

キャラメリゼしたバナナの香ばしさがクセになる
人気のタルト。チョコ風味の生地にも
バナナとヘーゼルナッツが隠れています。

材料（9個分）

タルト生地	9個分（→p10-12）
ダークチョコレート	65g
純生クリーム（乳脂肪分35%）	73g
全卵（M）	1個
バナナ	50g
ヘーゼルナッツ	30g

● ガナッシュ

ダークチョコレート	14g
純生クリーム（乳脂肪分35%）	14g

● 焼きバナナ

グラニュー糖	60g
無塩バター	6g
バナナ	約小2本
ヘーゼルナッツ	38g

下準備

○ 卵をよく溶いて、こし器でこしておく。

○ ヘーゼルナッツ（30gと38g）を天板に広げ、175℃に予熱したオーブンで11分ローストする。粗熱がとれたら、半割れくらいのサイズに粗く刻む。

○ オーブンを150℃に予熱する。

作り方

1 タルト生地を型に詰めて、冷蔵庫で休ませる。（→p13-15）

2 空焼き（卵・分量外）を用意する。（→p16-17）

3 ダークチョコレートと純生クリームを湯煎にかけて溶かす。

4 湯煎にかけたままの3に溶いた卵を少しずつ加えながら、泡立て器で均一に混ぜる。

5 バナナを潰して4に入れ、粗く刻んだヘーゼルナッツ30gを加えて混ぜる。

6 2に5を約30gずつ流し、150℃に予熱したオーブンで20分焼く。
※表面にヒビが入れば焼けている証拠。

7 粗熱がとれたら型からはずし、冷蔵庫で冷やす。

仕上げ

1 ガナッシュを作る。ダークチョコレートと純生クリームを合わせて、60℃以下の湯煎にかけて均一に混ぜ合わせる。

2 焼きバナナを作る。下記参照。

3 タルトにガナッシュを約3gずつ流す。

4 焼きバナナを下に3切れ、上に1切れのせる。隙間に残りのヘーゼルナッツを1/6量ずつのせる。

焼きバナナを作る

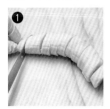 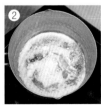  

1cmの厚さに輪切りにする。

グラニュー糖を鍋に入れて中火にかける。

薄いキャラメル色になったら、バターを加え、バナナも加える。

バナナを返しながら、キャラメルと絡めてバットにとり出す。

キャメル　CARAMEL

香ばしいくるみを、少しほろ苦い生キャラメルが
トロリと包み込んでいます。
味も食感も楽しいタルトです。

材料（6個分）

タルト生地 ………………… 6個分（→p10-12）
アーモンドクリーム ……… 120g（→p18）

●キャラメルクリーム
┌ 純生クリーム（乳脂肪分35%）…… 90g
│ グラニュー糖 ……………………………… 70g
└ 無塩バター ………………………………… 20g

くるみ ………………………………………… 36粒
デコレーション用粉糖 ……………………… 適量

下準備

○くるみを天板に広げ、175℃に予熱し
　たオーブンで5分ローストする。
○オーブンを175℃に予熱する。

作り方

1　タルト生地を型に詰めてピケをし、冷蔵
　　庫で休ませる。（→p13-16）

2　1にアーモンドクリームを20gずつスプ
　　ーンで詰めて、表面を平らにならす。

3　天板に2を並べて175℃に予熱したオー
　　ブンで10〜15分焼く。アルミホイルを
　　かぶせ、さらに20〜25分焼く。

4　粗熱がとれたら型からはずし、冷蔵庫で
　　冷やす。

仕上げ

1　キャラメルクリームを作る。下記参照。

2　タルト生地にキャラメルクリームを小さ
　　じ2杯程度を流す。

3　ローストしたくるみ3粒をのせて、くる
　　みの上全体にキャラメルクリームを小さ
　　じ1杯程度をかける。くるみをさらに3
　　粒のせて、キャラメルクリームをかけて
　　2段にする。※仕上げ中にキャラメルが
　　硬くなってきたら、湯煎にかけてやわら
　　かくする。

4　冷蔵庫に入れ、キャラメルクリームが固
　　まるまで冷やす。

5　デコレーション用粉糖をふる。

キャラメルクリームの作り方

ボウルに純生クリームを
入れ、沸騰直前の湯煎で
温める。

鍋にグラニュー糖を入れ、
中火にかける。

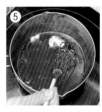

グラニュー糖が溶け、黄
色くなってきたら鍋をと
きどき回す。

全体が茶色に色づいたら火を止め、①を3回に分
けて加えて（キャラメルがはねるので少しずつ入
れる）その都度泡立て器でよく混ぜる。

ムラなく混ざったら火を
止め、バターを加えてさ
らに混ぜる。

ベイクドチーズ

クリームチーズをたっぷり入れて焼き上げた、まろやかなチーズタルト。
タルト生地は卵をぬってあるのでサクサクです。

材料（7個分）

タルト生地 ……… 7個分（→p10-12）	
クリームチーズ ……………………… 100g	
グラニュー糖 …………………………… 33g	
薄力粉 ………………………………… 5g	
コーンスターチ …………………… 3.5g	
全卵（M） ……………………………… 1個	
純生クリーム（乳脂肪分35%）… 130g	

下準備

○卵は室温に戻しておく。

○オーブンを160℃に予熱する。

作り方

1 タルト生地を型に詰めて、冷蔵庫で休ませる。（→p13-15）

2 空焼き（卵・分量外）を用意する。（→p16-17）

3 クリームチーズを耐熱ボウルに入れ、ラップを密着させて電子レンジで約20秒温めて少しやわらかくする。

4 3にグラニュー糖を加えて泡立て器で混ぜる。

5 薄力粉とコーンスターチを一緒にふるい、4に加えて混ぜる。

6 5に全卵を加えてよく混ぜる。

7 6に純生クリームを3回に分けて加え、その都度よく混ぜてこし器でこす。

8 2に、よく混ぜた7を9分目の高さまで流す。

9 160℃に予熱したオーブンで20分焼く。
※ふちから膨らんでいき中心のくぼみが水平になったら中心まで焼けている証拠。

10 粗熱がとれたら型からはずし冷蔵庫で冷やす。

テーブルの主役にも！
華やかな惣菜タルト

少し大きめのタルト型で作る華やかな
セイボリータルト。タルト生地は
和洋中どんな味とも合うので、
トッピングのアレンジは自由自在です。

惣菜タルトの基本

甘くないタルト生地は、全粒粉を混ぜることによって
香ばしさと歯ごたえをプラス。さまざまなお惣菜の味と調和します。

材料(タルト生地8個分)

A 薄力粉 173g
　 全粒粉 42g
　 塩 小さじ1/2
　 黒胡椒(粉) 小さじ1/2
オリーブオイル 75g
水 53g

※タルト型／横110mm×縦60mm×高さ20mmの
　底が取れるタイプ(TC2358)を使用(入手先→p96)。
※写真は半量(4個分)で作っています。

1 粉類を混ぜる

Aをボウルに入れて
ゴムベラでよく混ぜる。

2 液体類を加えて混ぜる

1にオリーブオイルを
入れて混ぜ、その後、
水を少しずつ入れなが
ら混ぜる。

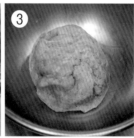

3 耳たぶくらいの　かたさにする

ざっと混ぜたら手でこ
ねて、耳たぶくらいの
かたさにする。

[理由]

こねすぎると生地がかた
くなる。

4 休ませる

3を4等分(写真は半
量)にしてラップをか
け、30分冷蔵庫で休
ませる。

[理由]

休ませることで材料
同士がなじむ。

5 めん棒でのばす

120mm

180mm

4をとり出し、めん棒で
1枚が厚さ3mm、180mm
×120mmの長方形にな
るようにのばす。

（おすすめ）

3mm厚のカットルーラーが便利。

6 カットする

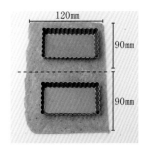

120mm
90mm
90mm

5を90mm×120mm（型よりひとまわり大きいサイズ）になるように半分にカットする。

7 型にのせる

めん棒に生地を巻きつけて持ち上げ、型にかぶせる。

8 型に敷き込む

底と側面に空気が入らないように生地を型に軽く押さえつけていく。

9 余分な生地を落とす

型の上からめん棒をころがし、余分な生地を落とす。

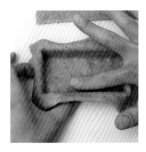

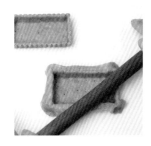

❶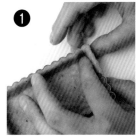

❷

❸

10 補修する

型に敷いた生地が欠けていたり薄くなっていたりする部分に、9で落とした余り生地を足して補修する。

\ タルト台の完成! /

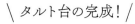

❶

❷

❸

11 ピケして焼く

タルト生地の底をフォークでピケし、180℃に予熱したオーブンでほどよい茶色（→p20）になるまで、約25分焼く。

鶏
胸
肉
と
梅

CHICKEN BREAST & PLUM

鰹節、わさび、醤油などで味つけした梅ペーストに、
やわらかい鶏胸肉をからめた和の惣菜タルトです。

材料（8個分）

タルト生地 ………… 8個分（→p90-91）
鶏胸肉 ……………………………… 120g
長芋 ………………………………… 100g
A 梅肉（市販のペースト、または	
梅干しの種をとり出して包丁で	
たたいたもの） ……………… 80g	
鰹節 …………………………… 25g	
わさび ………………………… 10g	
醤油 …………………………… 30g	
はちみつ ……………………… 20g	
ネギ ………………………………… 120g
油揚げ ……………………………… 120g
黒ゴマ ……………………………… 適量

下準備

○長芋は皮をむき、1〜2cm角に切る。
　ネギは斜め切りにする。油揚げはさっ
　と湯にくぐらせて油抜きをして水気を
　切り、短冊切りにする。

○鶏胸肉は皮と皮についている脂をとり
　除いておく。

作り方

1　タルト生地を型に詰めて、空焼きをする。
　（→p90-91）

2　鍋に1ℓの水と塩を小さじ1杯入れて沸
　かす（ともに分量外）。そこに鶏胸肉を
　入れ再沸騰したら火を消し、蓋をして
　15分おいておく。バットなどにとり出
　して水気を切り、冷めたら1〜2cm角に
　切る。

3　2と長芋をボウルに入れて混ぜる。

4　Aをミキサーにかける（ブレンダーでも
　可）。

5　3のボウルに4を入れて和える。

6　空焼きしたタルトに5を1/8量ずつ入れ、
　ネギと油揚げを1/8量ずつのせる。

7　オーブントースター（約900W）で10〜
　15分焼く。

8　仕上げに黒ゴマをかける。

作り方 PROCESS

3

5-1

5-2

6

RATATOUILLE

ラタトゥイユ

彩り豊かな夏野菜の間に厚切りベーコンを挟み込んだ
フレンチタルト。ワインのおともにぴったりです。

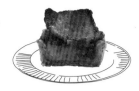

材料（8個分）

タルト生地 ……………… 8個分（→p90-91）
じゃがいも …………………………………… 200g
A 乾燥バジル ………………………… 大さじ1
　 純生クリーム（乳脂肪分40%）
　 ……………………………………… 小さじ1
ベーコン（3×5cm・厚さ1cm）…… 24枚
オリーブオイル、にんにく ……… 各適量
B 乾燥タイム、乾燥ローズマリー
　 （ともにホール）…… 各ひとつまみ
　 ナス ……………………………………… 120g
　 赤・黄パプリカ ……………… 各120g
　 ズッキーニ …………………………… 120g
C ケチャップ ……………………… 大さじ2
　 顆粒コンソメ ………………… 大さじ1/2
　 トマト缶 ………… 1/2缶（正味200g）
塩、黒胡椒（粉）、乾燥バジル …… 各適量

下準備

○ナス、赤・黄パプリカ、ズッキーニは
　すべて1～2cmの角切りにする。

作り方

1　タルト生地を型に詰めて、空焼きをする。
　　（→p90-91）

2　じゃがいもはゆでてから皮をむき、A、
　　塩、黒胡椒を入れて潰す。

3　フライパンでベーコンを焦げ目がつくま
　　で炒める。キッチンペーパーの上にとり
　　出し余分な油をきっておく。

4　フライパンにオリーブオイルとにんにく
　　を入れ、弱火にかけて香りを出す。香り
　　がでたら中火にしB、塩、黒胡椒を加
　　えて水分が出るまで炒める。

5　水分が出たらCを加えて水分が飛ぶま
　　で火にかける。水分が飛んだら火からは
　　ずして粗熱をとる。

6　空焼きしたタルトに2を1/8量ずつ敷き
　　こむ。

7　6の上に5を1/8量ずつ入れ、ベーコン
　　を3枚ずつ挟み込む。乾燥バジルをふる。

8　オーブントースター（約900W）で10～
　　15分焼く。

作り方 PROCESS

キュームタルト
https://qotart.com/

本店
愛知県名古屋市中区大須2-25-39

大名古屋ビルヂング店
愛知県名古屋市中村区名駅3-28-12 大名古屋ビルヂング1F

キュームカフェエア
愛知県名古屋市中区大須3-2-1 OSビル2F

STAFF

撮影／石川奈都子、平野谷雅和（スタジオフリースタイル）

デザイン／松本中山事務所

企画編集／株式会社 童夢

撮影協力／UTUWA

○タルト型の入手先

馬嶋屋菓子道具店
https://majimaya.com
〈楽天サイト〉https://www.rakuten.ne.jp/gold/majimaya/

専門店が教える、
素材を生かすフィリングと生地づくりのコツ

小さなサクサクタルト

2021年12月10日　発　行　　　　　　　　　　　NDC596

著　　　者　　キュームタルト

発　行　者　　小川雄一

発　行　所　　株式会社 誠文堂新光社
　　　　　　　〒113-0033 東京都文京区本郷 3-3-11
　　　　　　　電話 03-5800-5780
　　　　　　　https://www.seibundo-shinkosha.net/

印刷・製本　　図書印刷 株式会社

ISBN978-4-416-62124-0